KB092260

대한민국
독 서 사

천정환   성균관대학교 국어국문학과 교수. 한국 현대 문학사와 문화사 연구자. 지성사와 현실의 문화정치에 대한 관심을 바탕으로 다양한 연구 성과와 문화비평을 발표해왔다. 새롭고 융합적인 인문학과 아래로부터의 앎의 흐름에서 항상 자극받고 그에 호흡을 맞추려 노력하고 있다. 지은 책으로《근대의 책 읽기》《대중지성의 시대》《자살론》《조선의 사나이거든 풋뿔을 차라》《시대의 말 욕망의 문장 - 123편 잡지 창간사로 읽는 한국 현대 문화사》《근대를 다시 읽는다》(공저)《1960년을 묻다 - 박정희 시대의 문화정치와 지성》(공저) 등이 있다.

정종현   인하대학교 한국어문학과 부교수. 동아시아 비교문학, 지성사, 문화사적 관점에서 20세기 한국(문)학의 다양한 분야를 공부하고 연구 성과를 발표해왔으며, 한겨레신문과 네이버 등 여러 매체에 칼럼을 연재했다. 최근에는 한국의 냉전문화사에 관심을 기울이고 있다. 지은 책으로《동양론과 식민지 조선문학》《제국의 기억과 전유 - 1940년대 한국문학의 연속과 비연속》《다산의 초상 - 한국 근대 실학 담론의 형성과 전개》《검열의 제국》(공저)《미국과 아시아》(공저), 옮긴 책으로《제국대학 - 근대 일본의 엘리트 육성장치》등이 있다.

대한민국 독서사
우리가 사랑한 책들, 知의 현대사와 읽기의 풍경

초판 1쇄 발행 2018년 10월 10일 \ **초판 2쇄 발행** 2019년 3월 10일
지은이 천정환 정종현 \ **펴낸이** 이영선 \ **편집 이사** 강영선 김선정 \ **주간** 김문정
편집장 임경훈 \ **편집** 김종훈 이현정 \ **디자인** 김회량 정경아
독자본부 김일신 김진규 김연수 정혜영 박성래 손미경 김동욱

펴낸곳 서해문집 \ **출판등록** 1989년 3월 16일(제406-2005-000047호)
주소 경기도 파주시 광인사길 217(파주출판도시) \ **전화** (031)955-7470 \ **팩스** (031)955-7469
홈페이지 www.booksea.co.kr \ **이메일** shmj21@hanmail.net

© 천정환·정종현, 2018
ISBN 978-89-7483-957-4 03910
값 17,000원

이 도서의 국립중앙도서관 출판예정도서목록(CIP)은 서지정보유통지원시스템 홈페이지(http://seoji.nl.go.kr)와 국가자료공동목록시스템(http://www.nl.go.kr/kolisnet)에서 이용하실 수 있습니다.(CIP제어번호: CIP2018029316)

대한민국
독서사

우리가 사랑한 책들,
知의 현대사와
읽기의 풍경

천정환
정종현
지음

서해문집

머리말 한국 현대사와 책 읽기

이 책은 2015년 5월부터 한 신문사의 '광복 70년, 현대사 70년' 기념 특집으로 연재했던 글을 고치고 묶은 것이다. 그때만 하더라도 저자들은 세월호 참사와 박근혜 정권 하의 민주주의 후퇴 앞에서 분노와 답답함으로 과연 광복 70년, 현대사 70년의 보람이 무엇인지를 묻는 서문을 썼었다. 무엇하러 대한민국을 만들었는지, 왜 졸지에 목숨을 잃는 어린 학생들이 생기고 거리에서 피눈물 흘리는 사람이 아직 이다지 많은지, 그 세월 동안 무엇하느라 살 만한 나라를 만들지 못했는지' 하고 말이다.

그러나 이제 상황은 많이 달라졌다. 2016년 가을에서 2017년 봄까지 이어진 촛불항쟁은 사회의 총체적 퇴행과 민주주의의 위기를 저지하며 나라의 새로운 전망을 열었다. 특히 이런 성취가 연인원 1,700여만 명에 이르는 아래로부터의 시민의 힘에 의해 이룩된 것이라는 점을 생각하면 그 의의는 실로 크다. 가슴이 설렌다. 뜨겁고 큰 민주주의 문화의 저력이 이 나라 보통사람들에게 있는 것이다. 이 책에서 다루려는 내용도 바로 그런 저력과 무척 관계 깊은 것이다.

책 읽기 문화를 통해 지난 70년 한국의 시간을 되돌아보려 한다. 방방곡곡의 학교와 도서관과 서점들, 대학과 교회와 노동조합 사무실에서 열렸던 독서회들, 때로는 버스와 지하철 그리고 저마다의 내밀한 방과 마음속에 펼쳐진 독서의 풍경을 되돌아본다. 또한 그동안 우리가 사랑한 책들, 이를테면 《청춘극장》(김내성, 1954)에서 《난장이가 쏘아올린 작은 공》(조세희, 1978)을 거쳐 《칼의 노래》(김훈, 2001)에 이르렀던 한국문학, 《조선역사》(김성칠, 1946)에서 출발하여 함석헌·리영희·강만길·김현·김윤식·백낙청 등을 거쳐 오늘에 이른 인문·사회과학 서적, 그리고 《자본론》《코스모스》《데미안》《어린 왕자》처럼 외국에서 들여온 아름다운 책들과 그 수용의 역사를 다시 들춰본다.

먼저 그것을 서술한 방법에 대해 서설에서 조금 짚고 넘어가려 한다. 마음이 바쁜 분들은 바로 본론으로 넘어가도 좋다.

이 책을 쓰는 데 여러 가지로 도움을 준 많은 동료 연구자들과 지인·가족들께 일일이 감사의 뜻을 표하지 못함을 부디 양해해주시기 바란다.

이 책은 2000년대 이래 역동적으로 변화·발전해온 한국의 문학 및 문화 연구의 새 기운 속에서 써진 것이다. 책 속에 꼼꼼하게 다 표시하진 못했지만, 이 책 나름의 논리와 크고 작은 이야기들은 독서사뿐 아니라 지성사, 대중문화사, 냉전문화, 젠더사, 문화제도사를 공부해온 많은 연구자들의 훌륭한 성과에 바탕을 둔 것이다. 계속될 그들의 연구에 이 책이 조금이라도 참고할 거리가 되었으면 하는 바람밖에는 없다.

2015~2016년 조영란·이용희·이종호·이행선·이후경·정미지·허민·오혜진 선생들과 함께 했던 독서사 세미나는 이 책을 쓰는 데 구체적이고 결정적인 도움을 주었다. 그들은 각자 뚜렷한 자기 연구 관심과 세계상을 가진 소장학

자들로서, 해방 70년의 문화사·독서사를 보는 데 필요한 날카롭고 신선한 눈을 저자들에게 가르쳐주었다.

또한 이 책의 바탕이 된 연재물을 제안하고 격려해준《한겨레》최재봉 기자와 담당자들께도 새삼 감사드리며, 신문 연재 당시에 여러 방식으로 호응과 질정을 보내준 독자들이야말로 연재를 성공적으로 해낼 수 있었던 힘을 주었다는 점도 상기하고 싶다. 그중 몇몇 독자들이 건넸던 말들은 지금도 기억에 뚜렷이 남아, 후속 연구를 위한 동기를 돋운다.

곡절을 겪으며 책이 묶이는 과정을 처음부터 끝까지 함께해준 서해문집 김선정 편집이사의 따뜻한 배려는 오래 잊지 못할 것이다. 책을 만들어준 편집·출판 노동자들에게도 감사의 말씀을 올린다.

2018년 9월
천정환·정종현

차례

'독서사'란 무엇인가[2]

　　책 읽기란 어떤 인간 활동인가? 그것은 어떤 역사를 가진 것인가?

　《고양이 대학살(The Great Cat Massacre)》로 유명한 문화사학자 로버트 단턴의 말처럼 책의 역사와 독서의 역사는 다르다. 책의 역사는 책과 인쇄물을 매개로 하는 사회적 커뮤니케이션의 경로를 추적한다. 즉 저자로부터 출발하여 출판사→인쇄업자→서적상→독자까지 연결되는 "커뮤니케이션 회로(circuit)'의 각 단계와 전 과정이 시간과 공간에 따라 어떻게 변천 혹은 발전"했는지, 또 어느 시대의 "경제적, 사회적, 정치적, 문화적 시스템과 어떤 상관성을 가지는가를 이해하려는 것이 책의 역사"이다. 이에 비해 독서의 역사는 '커뮤니케이션 회로'의 마지막 경로이자 사회적 커뮤니케이션이 실현되는 단계인 읽는 행위를 탐구한다. 그것은 누가, 무엇(어떤 책)을, 언제, 어디서, 어떻게, 왜 읽(었)는가라는 "육하원칙에 입각하여 과거의 독서 양상과 관행을 정확하고 꼼꼼하게 밝히는"[3] 것을 우선 목적으로 한다.

분명 참고할 만하고 이해하기 쉽긴 하지만, 단턴이 말한 누가 언제 어떻게 무슨 책을 왜 읽었는가라고 한 여섯 항목은 한편으로는 통속적이고 추상적인 범주이다. 그런 항목은 독서문화의 실제를 보여주는 기본 과제일 수 있지만, 모두 같은 중요성을 지니거나 그 자체로 어떤 시대 책 읽기의 역사적 의미를 나타내주지는 못한다. '누가'(독서행위의 주체) '무엇을'(책·잡지, 기타 인쇄물 등의 대상) 같은 항목은 독서사의 기본이며 시대를 드러내줄 것이나, '어떻게'(독서의 지배적 방식)나 '왜'(독서의 목적 또는 사회적 의미)는 깊은 해석을 거치지 않으면 파악하기 어렵고 시대적으로도 보다 천천히 변할 것이다.

즉 책 읽기의 역사도 역사의 하나로서 수많은 사실들이 사가(史家)에 의해 집적·재구성되고 해석되어 서술되는 것이다. 이를테면 《근대의 책 읽기》(천정환) 같은 연구에서는 '누가'(소수의 엘리트에서 대중으로) '무엇을'(전통적 서적에서 근대의 인쇄 매체로) 외에도 '어떻게'(공동체적 독서에서 개인적 독서로, 그리고 낭독에서 묵독으로)가 중요했다.[4] 현대 혹은 탈근대의 책 읽기를 논해야 하는 여기서는 서술의 중요 과제가 달라진다.[5]

'독서문화사'의 의의는 무엇인가 _____

독서는 사회적이면서 동시에 개인적인 현상이다. 독서의 수행은 사람마다의 몸과 뇌(지력)를 통해 일어나는 구체적인 일이다. 독서는 적당한 체력과 선행 지적 훈련, 그리고 독서를 위한 시간과 공간이 없으면 불가능하다. TV 보기 같은 일과는 달리 매우 의식적이고 집약적인 지적 활동이다. 그런데 책의 선택과 구입, 독서 과정과 독서 후 인식과 행동의 변화에 이르는 모든 일은, 개인이 속한 당대의 이런저런 문화적 정황에 의해 주어지는 집합적 행위의 일부다. 이 집합적 행위와 인식을 '독서문화'라 지칭하고자 하는데, 그 안에서 개인은 어떤 책을 택하고 읽는(또는 택하지 않거나 읽지 않는) 자유를 가진다.

독서라는 사회적 행위와 그에 관련된 집합적 인식과 수행으로서의 독서문화는 역사를 가지고 있다. 프랑스 사가 로제 샤르티에는 대혁명 전후에 일어난 문화적 변혁과 프랑스에서의 '근대의 책 읽기'를 기술하며, 그 시대의 새로운 독서란 "'사적 개인에 의한 이성의 대중적 사용'이라는 칸트의 관행에 따르는 것"이라 했다.[6] 바꿔 말하면 근대의 여명기, 대혁명을 앞둔 시대의 프랑스에서 독서행위가 근대적 '자유'와 비판이성과 연결되는 일로 해석될 수 있다는 것이다. 만약 이런 점을 한국에 적용하면 어떨까? 예컨대 1900년대의 조선에서 책을 읽는다는 것은, 또 책을 읽는 사람이라는 것은 무슨 의미를 지닌 것일까? 그 사람은 아마 새로운 문명의 도래에 따른 전통사회의 '창조적 파괴'를 경험하는 '신청년'이었을 가능성이 크다. 또 오늘날 한국에 적용하면 어떠할까? 이를테면 IMF 경제위기 이후 한국 독서문화에서 주요 영역을 차지하게 된 자기계발서 읽기를 '사적 개인에 의한 이성의 대중적 사용'과 결부시킬 수 있을까?

그 같은 방향 있는 거시적·미시적 변화를 '독서문화사'라 할 때 한국 독서문화사는 큰 변화를 겪어왔다. 1945년 해방 당시 전체 한반도 주민의 절반 정도는 문맹자였다. 70여 년

이 흐른 이제 문맹자는 거의 없다. 그런데 교육열이라면 세계 어딜 내놔도 1등이고 무려 80%의 고교 졸업자가 대학을 가는 대한민국이 OECD 국가 중에서 '실질 문맹률'이 가장 높은 나라의 하나라니 이건 또 무슨 변괴인가?[•] 이 변화의 방향을 선택하여 기술하는 것 자체가 곧 문화사를 이해하는 근본 시각과 관련이 있다. 그러므로 여기서는 다음과 같은 관점에서 한국 독서문화의 거시적 변화를 이해하려 한다.

독서와 우리 현대사를 함께 보고자 하는 이 자리는 곧 경

• 실질 문맹률이란 단순히 문자 해득 여부를 따지는 전통적 문맹률 개념이 아니라, 신문·팸플릿(산문문해 영역), 지도, 버스 시간표, 차트 등 (문서문해)을 실제로 이해·파악할 수 있는 능력과 수량적 계산 능력(수량문해) 등을 포함한다. 이를 OECD가 개발한 방법으로 조사했더니 한국의 문해력이 OECD 최하위권에 있다는 것이다. "2001년 이희수 중앙대 교수가 실시한 조사에서 우리나라의 문서문해 능력이 500점 만점에 237.50점으로 경제협력개발기구(OECD) 국가 중 하위권으로 나타나고, 같은 해 민현식 서울대 교수의 조사에서 연령대별 국어 사용 점수가 1995년 조사 때보다 20점가량 하락한 것으로 조사돼 국어 능력 저하에 대한 우려가 커져왔다."(〈국립국어원, 38년 만에 문맹률 조사〉, 《연합뉴스》 2008. 1. 29) 한국사회의 세대갈등과 민주주의 문화 문제가 이와 연관이 있다는 것이 학자들의 생각이지만 실질 문맹률에 대한 조사는 더 보강·지속되어야 한다.

제발전과 민주주의가 지식문화와 맺는 관계를 보는 자리이다. 경제발전과 민주주의는 거대한 '인간 개발'과 지식 발달사의 동력이었다. 일본인이 남기고 간 자료로 근근이 시작했던 국립중앙도서관에는 이제 1천만 종의 서책이 쌓여 있으며, 오늘날 한국 젊은이들은 유사 이래 최고의 학력과 두뇌를 가지고 있다. 즉 독서의 현대사는 전문지식·상식, 그리고 교양의 역사다.

독서와 정치

'독서의 문화정치학(cultural politics)'이나 '독서의 정치사'를 논할 수 있는 근거는 많다. 문화정치의 개념은 다음에 거론할 항목보다 훨씬 폭넓은 것이지만, 한국의 독서문화는 국가의 정책과 저항운동 같은 '정치'에 직접 영향을 받았다. 그 실제를 생각해보자.

첫째, 관변 독서운동이다. 일제강점기부터 지금까지 독서 대중화 운동 또는 '독서국민운동'이 없었던 적이 없다. 가을의 '독서의 계절' 독서운동은 1920년대에 시작됐고, 지금도 '책 읽는사회만들기국민운동'이나 '대한민국 독서토론·논술대회' 같은 것이 있다. 시대마다 차이는 있지만 독서운동은 늘 한편으로는 보다 보편적인 계몽 또는 교양 운동의 함의를 갖고, 다른 한편으로는 근대화나 '국민 만들기'의 '동원'과도 유관한 것이었다. 이는 물론 출판자본의 이해와 관계되는 것으로서, 독서문화에 가해진 인위적인 정치적 힘이었다. 독서운동의 책들은 시대의 이데올로기와 무관하지 않았다.

둘째, 첫째와 반대 방향의 국가 개입인 검열이다. 말하자면 이는 책을 읽지 못하게 하는, 독서문화에 대한 음(陰)의 힘이다. 한반도의 지배권력은 늘 책과 문자를 검열했다. 20세기 초부터 2017년의 '노동자의 책' 사건*에서처럼 지금까지 늘 '검열체계'가 있었고, 대한제국·조선총독부·미군정, 그리고 박정희·전두환 군부독재는 대단히 광범위하고도 공공

---

* 2017년 1월 검찰이 북한 관련 서적 등 이적표현물을 소지·판매한 혐의로 전자도서관 '노동자의 책' 대표를 구속 기소하며 불거진 사건. 검찰은 '노동자의 책' 웹사이트에 파일로 올린 도서 가운데《강철서신》《미제침략사》등 129건을 이적표현물이라고 주장했다. 하지만 법원은 1심(2017년 7월)에 이어 항소심(2018년 4월)에서도 국가보안법 위반 혐의(찬양·고무 등)에 대한 검찰의 항소를 기각하며 무죄를 선고했다.

연한 금서 지정과 가위질을 했다. 지금도 국정원이나 문체부 창고 어딘가에 산더미처럼 쌓여 있을지 모를 검열과 금서 관계 서류철을 보고 싶다.

셋째, 독서의 '운동성'과 저항적 성격이다. 이는 두 번째의 반대 방향이며 첫 번째의 역상 같은 것이다. 관변 독서운동도 늘 있었지만, 다른 한켠에서는 인간해방·민족해방을 꿈꾼 사람들이 독서로써 운동했던 것이다. 즉 독서는 개화계몽기 이래 언제나 계몽과 저항운동의 도구였다. 예컨대 4·19 혁명 전후《사상계》의 고교생·대학생 독자나 1970~90년대 '민주화' 과정과 대학생·노동자의 독서(회)의 상관성은 상당히 높다. 서울·광주·부산 등의 독서회와 야학 사람들은 거리에서도 가장 열심히 싸운 이들 속에 있었다. 대학가는 물론 공장과 교회가 자발적인 저항적 '함께 읽기'의 공간인 시절도 있었다.[7] 독서는 해방기에나 현대화가 급속히 전개된 시대에나, 일하는 사람들을 시민이나 '노동자 계급'으로 형성하는 데 크게 기여했다.

마지막으로, 한국의 독서사는 '지적 격차의 문화사'에 결부된 것이었다. 학력과 학벌을 향한 경쟁은 늘 치열했다. 지배계급과 기득권층은 학력과 학벌의 격차를 유지하거나 더 크게 만들기 위해 노력해왔다. 반대로 가난하고 평범한 사람들도 스스로나 아들딸을 위해 분골쇄신하며 교육의 기회를 조금이라도 더 얻고자 애썼다. 독서는 누구에게도 결코 쉽지 않은 지적 활동이지만, 단지 엘리트 계층의 것만이 아니라 온 민중의 것이기도 했다.

그래서 한국 현대문학과 사회과학은 독서의 이런 성격과 작용에 깊이 영향을 받았다. 이를테면《전태일 평전》《난장이가 쏘아올린 작은 공》《객지》, 박노해나 백무산의 시집, 최장집·김동춘·이진경 같은 저자들은 1970~80년대 한국의 현실이 아니면 생겨나지 않았을지 모른다. 요컨대 해방 70년간의 독서문화는 이 땅 민주주의와 깊고도 내밀한 관계를 맺었다. 독서문화는 일상의 정치요, 문화정치였다.

베스트셀러론의 의의 _____

사회현상으로서의 독서는 대중사회의 성장과 대중성 변화의 지표이다. 베스트셀러라는 존재가 그 대표적인 물적 증거다. 따라서 실제 사례를 통해 베스트셀러 현상의 특징을 살피고 그 현상 이면의 구조를 밝히는 것은 매력 있는 과제일 수밖에 없다.

이제껏 쓰여온 베스트셀러(사) 연구도 주로 이런 매력에 인도됐을 것이다. 그러나 대부분 한계가 있다.[8] 그것은 크게 '이론의 부재'로 모아진다. 우선 시기 구분과 역사상을 기술하는 방법, 텍스트와 그 '외부'를 확고하고 입체적인 관점에서 분석·해석하는 틀을 수립하기가 어렵기 때문이다. 베스트셀러로 사회사·문화사를 보는 일에는 장단점이 있는 것이다. 이에 대한 기본적인 대안은 다음과 같은 것이다.

사람들은 대부분 왜, 어떤 책이 폭발적으로 많이 팔리고 읽힐까를 중심으로 '베스트셀러 요인'을 파악하려 한다. 그러나 그것은 원인과 결과가 아니라 맥락의 문제로 봐야 한다. 길게 읽히는 책(스테디셀러)과 단기간에 폭발적으로 많이 읽힌 책(베스트셀러)들은 한 시대와 해당 사회의 지배적 심성구조나 정동 등을 보여준다고 간주된다. 그렇다면 과연 책의 어떤 요소가 그렇게 한다는 것일까? 책의 '내용'인가? 흔히 그렇게 생각하지만 이는 매우 단순한 생각일 것이다.

흔히 '베스트셀러(가 되는) 요인'을 분석하기 위해 많은 노력을 하지만, 그 요인이 반드시 책 속에 있는 것이 아니라는 점이 베스트셀러와 '베스트셀러 문화'를 이해하는 핵심일 것이다. 다시 말해 책의 내용이 아닌, 작가나 사회적 상황 또는 특정하기 힘든 어떤 텍스트 외부, 그리고 내외의 경계에 있는 어떤 요소가 상호작용할 때 어떤 책이 읽히고 베스트셀러도 탄생한다. 따라서 텍스트의 내용과 텍스트 수용의 사회적 맥락을 함께 엮어 그 상호작용을 관찰하고 서술하는 것이 독서다. 이 단순한(?) 과업은 흔히 잘 지켜지지 않거나 대개 피상적으로만 수행된다. 자칫 텍스트의 '내용'을 분석하지 않거나 단순하게 시대상이 어떤 베스트셀러의 '요인'인 양 간주해서 속류 사회학주의에 빠지게 되는 것을 경계해야 한다는 것이다.[9]

텍스트 내·외부의 요인으로 구분하여 수용을 생각하는 것은 텍스트주의를 완전히 벗어나지 못한 어떤 절충론만은 아니다. 텍스트는 수용이라는 현상의 출발점에 있는 준거점임은 분명하기 때문이다. 다시 말해 텍스트는 외부의 요인 자체에 의해 해석·재해석되면서도 동시에 변하지 않는 '자극(磁極)' 같은 것이다. 텍스트 속에는 내용과 그 구조적 요인이 해석이나 수용과 무관하게 그대로 고정되어 있으면서, 해석과 의미를 자기 쪽으로 끌어당긴다. 이런 점이 신비평 따위나 텍스트물신주의를 가능하게 만들기도 한다. 그러나 텍스트 속에 담긴 메시지나 상징, 서사행위 등은 그 자체로는 의미를 발현하지 않는다는 점이 중요하다. 그것은 사회적·문화적 해석과 수용을 통해서만 의미를 실현하게 되는, 텍스트 속의 텍스트 외부적 요인이다.

그러하기에 어떤 책 상품(사실 영화나 기타 문화상품도 마찬가지일 것이다)의 흥행 요인을 텍스트 내·외부의 요인으로 나누어 기술하는 것이 많은 난점을 초래함을 알 수 있다. 수용과 흥행 요인들의 운동, 또는 텍스트 내·외부의 요인의 작용은 변증법적인 것이다. 양자는 각각 서로 상관없이 운동하기도 하는 심급을 갖고 있지만, '수용'의 과정이란 곧 양자를 상호작용하게 강제하는 것이다. '수용'이 없는 공간에서만 텍스트 내부와 텍스트 외부는 서로에 대해 독자적이다.

독서와 경제

독서의 사회현상은 경제 현상이기도 하다. 흔히 베스트셀러라는 거울은 시대나 사회상을 반영한다는데 틀린 말이 아니다. 수십 수백만의 사람이 특정한 상품의 소비 · 구매라는 동일한 집단행동을 한다는 것은 자본주의 사회라는 베스트셀러 문화의 판과 '소비자−군중'으로서 대중의 실재를 증명한다. 그런데 베스트셀러라는 거울은 여기저기 깨지고 올록볼록 왜곡된, 성마르거나 '제정신이 아닌 것'이다. '베스트'는 순식간에 큰돈을 만드는 것이기 때문에, 잡다한 것들이 거기 개입한다. 억지로 조직한 대중의 반응도 포함된다. 따라서 베스트셀러란 작가와 출판사가 함께 설치한, 텍스트 안과 밖의 이런저런 상술을 포함한 시대의 '쏠림 현상'과 출판자본주의의 상태를 반영한 것이라 보아야 하겠다.

베스트셀러가 과연 대중의 욕망도 보여주는가? 남들이 읽으니까 읽는다는 식의 다양한 속물근성, 민족주의나 능력주의 같은 불건강한 이데올로기, 단순한 호기심이나 충동구매 등 사실상 독서라는 행위와 무관하거나 지적 욕구 바깥에 있는 욕망도 사람들로 하여금 베스트셀러를 사게 만든다.[10] 그래서 한국 독서사에서도 《백 년 동안의 고독》이나 《정의란 무엇인가》 같은 어려운 책이 베스트셀러가 된 경우가 있다. 물론 결코 좋은 책이라 할 수 없는 책이 베스트셀러가 된 경우는 언제나 흔하다. 그래서 어떤 책이 '이미' 베스트셀러

라는 사실 자체가 베스트셀러를 만드는 가장 중요한 문화적 '장치'라는 점은 강조할 만하다.[17]

따라서 베스트셀러는 곧 베스트셀러 문화다. 베스트셀러는 선정하기 나름인 기술적이고 완전히 상대적인 개념이자, 그 자체로 '호명'이다. 즉 선정하고 언급하는 일 자체가 출판 자본주의의 주체의 욕망에 의해 수행되는 일이다. 몇 부가 팔려야 과연 베스트셀러일까? 누가 그걸 정할까? 한국에서도 베스트셀러라 호명하는 그 양적 기준은 변해왔지만, 베스트셀러는 어떤 '현상'(붐·신드롬 따위)으로서 다른 '현상'들과 마찬가지로 사회화된 욕망구조의 단면을 보여주는 척도임에는 분명하다. 그러나 그것이 보여주는 욕망은 독자들만의 것이 아니라, 그것과 상호작용하는 어떤 지배적인 힘들의 것이다.

마케팅: 베스트셀러와 쇼비즈니스

대규모 수용이라는 '흥행'이 만들어지기 위해서는 텍스트 그 자체나 작가(그리고 편집자)의 의도와는 독립적인 이슈화(좋은 의미 또는 나쁜 의미에서의 입소문, 논란과 법적 분쟁 등)가 수

반된다. 그것은 거의 필연적인 것이다. 다시 말해 텍스트주의와 무관하게 수용은 사회적 과정 속에 놓여 영향과 효과를 발휘하게끔 되어 있다. 노이즈마케팅이란 말이 있는 것처럼, 이슈화는 의도적으로 조직되기도 한다. 주로 유명인이나 정치인들로 구성된 어떤 사회세력은 반드시 사태의 확장과 해석에 개입하려 한다. 한국의 '역사적' 베스트셀러였던 《자유부인》《별들의 고향》《빙점》《인간시장》《태백산맥》《칼의 노래》 등도 모두 그랬다.[12]

'대박'이나 '흥행의 사건'이 그저 예외적이거나 자연발생적인 일이 아니라는 점이 중요하다. 현대 자본주의 사회에서 대규모 흥행이란 자본이 투입된 결과이기 때문이다. 이 '자본 투입'과 '결과 산출'의 과정은 필연적이고도 객관적인 것이다. 그런데 그 성공 여부는 투여된 자본의 규모나 의도와 반드시 일치하지는 않는다는 점도 흥미롭고 중요하다. 특히 지난 70년간 우리 독서사·출판사(史)를 살펴보면 언제나 독서시장은 좁았고, 유통체계나 상관행도 늘 불안정하고 문제가 많았다. 출판자본도 언제나 대체로 영세했다. 이는 역으로 '대박 신화' 같은 게 가능했다는 뜻도 된다.

그럼에도 '규모의 경제' 같은 것이 작동하기에 '대박'과 '베스트셀러'는 결코 신비화될 필요가 없다. 이윤의 원활한 실현을 위해서는 일정 규모 이상의 자본이 투여되어야 하고, 시장에서의 우위가 전제돼야 한다. 이런 경향성을 유지·통제하기 위해 자본은 사활을 걸고 노력하지만, 그럼에도 언제나 '리스크'가 있다. 그 결정 과정에는 통제 불가능한 존재인 '대중 현상'이 있는 것이다. 대중의 행동양식의 총체를 일컫는 '수용자 문화'(Spectators' Culture)는 특정한 시대에 텍스트를 생산·유통시키는 자본과 수용자들의 상호운동과 그 축적에 의해 형성된 관습적 체계가 존재한다는 것을 보여준다. 대중성이란 산업적 구조와 상호작용하며 언제나 진화·유동하는 상태에 놓여 있다. 대중성은 변화하고 진화한다.

또한 마치 그런 쇼비즈니스 같은 '흥행의 사건'은 단지 경제 영역이나 '오락'에 그치는 것이 아니라, 정치적·이데올로기적·윤리적인 의도와 다양한 층위의 비평행위에 영향을 받는다. 독서행위도 다른 일상의 행위와 마찬가지로 정치적인 것이다. 이 정치성은 물론 '일상의 정치'나 문화정치에서의 '정치'와 비슷한 함의를 갖는다. 달리 말하면 독서의 정치란 '순수하게' 현실정치를 운반하거나 '반영'한다기보다, 이데올로기적·도덕적 계급투쟁과 문화실천으로서의 의미를 내포한다.

결국 베스트셀러만으로는 독서와 연관된 사회적 상황의 심층을 보여주거나 지성사·문화사로서의 독서사를 파악하기엔 한계가 있다고 보인다. 따라서 다른 여러 가지 것도 고려할 수 있다면 좋겠다. 예컨대 이른바 스테디셀러도 나름대로 장기지속(또는 중기지속)하는 사회의 지향과 가치, 특히 교육과 유·무형의 지적 체계를 반영한다고 할 수 있다. 10년 읽힌 책, 20년 읽힌 책, 세대를 넘어 읽힌 책은 어떤 시대에 지속하는 가치를 보여줄 것이다. 이를테면 250쇄가 넘게 팔린《난장이가 쏘아올린 작은 공》같은 책, 또는 이광수 소설처럼 수십 년간 계속 읽힌 책들의 증쇄 속도를 그래프로 그릴 수 있으면 어떨까?[13] 또한 수백 회 이상 번역된《어린 왕자》나《자본론》같은 고전적 외서도 그 자체로 의미 있는 수용사를 노정하고 있다.

그리고 책 안 읽기

　　　마지막으로 우리는 책 읽기뿐 아니라 '책 안 읽기'에 대해서도 생각하려 한다. 인간이 책을 읽는 이유는 수십 가지쯤 되겠지만, 책을 안 읽거나 못 읽는 이유도 수백 가지는 된다. 우리는 늘 출판인들로부터 '책이 팔리지 않아 죽을 지경'이라든가 대한민국 국민이 '책 안 읽는 국민'이라는 말을 들어왔다. 우리는 실제로 바빠서, 돈이 없어서, 뭘 읽어야 할지 몰라서 책을 안 읽어왔다. 오늘날 야근에 초과근무에 시달리는 노동자들도 차분히 책을 펴들 겨를이 더 없어지고, 2000년대 이후 영상문화와 인터넷이 급격히 발달하면서 독서시장은 더 위축되고 있다. 또한 '민주화 이후'에도 우리 사회의 정치와 인권 수준은 크게 진보하지 못했고, 특히 이명박·박근혜 시절을 거치면서 인문학과 대학의 상황은 많이 나빠졌다. 혹 한국 독서문화의 퇴행도 이와 관련이 깊은 것 아닌가? 해방 70년 독서문화사를 되짚는 이 책이, 독자층의 재형성·분화를 포함한 한국에서의 '현대의 책 읽기'가 점진적인 쇠퇴의 길로 가며 다른 어떤 문화로 대체되는지를 생각해보는 자리가 되기를 바란다. 천

책의 해방과 분단:
1945-1950

식민지 청산과 민족으로의 '귀환'

일본 지식에서 민족·미국 지식으로

좌우 대립과 문화의 분단

식민지 청산과 민족으로의 '귀환'

　　소설가 박홍민은 단편 〈벌쟁이〉(《부인》 3호, 1946. 7)에서, 해방된 한국사회의 당면 과제와 그로 인해 벌어진 웃지 못할 상황을 인상 깊게 묘사한다. 식민지 시대의 마지막 나날들에 소학교 학생 정애는 일본말이 능숙하지 않아 급우들로부터 놀림을 받는다. 그녀가 조선어를 쓸 때마다 창씨한 가네야마(金山) 선생은 "빠가"라고 야단치며 뺨을 때린다. 그로 인해 정애는 '벌쟁이'라는 별명을 얻게 된다. 해방 후 교코라는 여학생이 정애의 학교로 전학을 온다. 교코는 일본에서 나고 자란 조선인 '귀환 전재민(戰災民)'의 자식으로 조선어를 잘하지 못한다. 교코는 항상 혼자였고 정애는 그녀가 불쌍해서 친구가 되어주려고 한다. 정애가 교코에게 일본어로 말을 걸 때마다, 이제는 이름을 원래의 성인 김씨로 바꾼 가네야마 선생이 "내가 일본말을 하지 말라고 했지"라며 다시 정애의 뺨을 때린다.

가네야마 또는 김 선생은 얼마나 많았을까? 무수한 김 선생들에게 '8·15'는 일본적인 것과의 완전한 단절을 의미하는 기호였다. 당대의 화두는 오염되지 않은 민족적인 것으로의 '귀환'이었다. 왜냐하면 해방 전 몇 년간, 실제로 조선민족은 자기 말과 심지어 이름조차 잃어버렸기 때문이다. 가네야마에서 '본래'의 김씨로 '돌아오고' 일본어에서 조선어로 '귀환'함으로써, 식민지는 청산되고 새로운 조선이 건설될 수 있다고 믿어졌다.

〈벌쟁이〉의 희비극적인 삽화는 해방 직후 유년기를 겪었던 많은 문인들도 증언하는 것이다. 박완서는 자전적 소설 《그 많던 싱아는 누가 다 먹었을까》에서, "일본어를 가르치던 국어 선생님이 그냥 우리말의 국어 선생님으로 눌러앉아 있는 건 잘 이해가 안 됐다"[14]고 말한다. 비평가 유종호도 《나의 해방전후》에서, 같은 교사의 입을 통해 어제까지 듣던 말과는 정반대의 말을 듣게 되었을 때의 충격, 국어라는 이름으로 일본말을 배우던 학교에서 국어라는 이름으로 조선어를 배우게 되었을 때의 충격을 증언한 바 있다.[15]

해방된 조선인이 독립된 민족으로 새롭게 거듭나기 위해
서는 지적인 갱생(更生)의 제의를 거쳐야 했다. 한글과 한국
사 교육은 그 핵심이었다. 전국에서 한글, 역사 강습회가 앞
다투어 열렸다. 한글과 역사 관련 출판물이 쏟아져 나왔다.
최남선의《(신판)조선역사》는 초판 10만 부가 몇 달 만에 매
진되고, 1946년에 조선금융조합연합회에서 출간한 김성칠
의《조선역사》도 그해에만 6만 부가 판매되었다. 이병도의
《국사대관》, 장도빈의《국사》《국사요령》《국사강의》《중학
국사》와 이선근의《조선최근세사》, 권덕규의《조선사》등 한
국사 관련 교재들이 날개 돋친 듯 팔려 나갔다.《경제연감》
통계를 보면 1945년 8종, 1946년 59종의 한국사 관련 책이
간행되었다.[16]

한글 관련서는 더욱 폭발적이었다. 출판사는 우선 '한글독
본'류의 한글 공부책부터 출판했다. 한글을 잊거나 아예 제
대로 교육받지 못한 사람들이 허다했기 때문이다. 한글독본
류는 통계에도 잡히지 않았다. 이를테면 동아출판사는 1945
년 설립 후 최초의 출판물로 경상북도 학생을 대상으로 한
국어 교과서《신생국어독본》을 간행했는데,《출판대감》등에
는 기록되어 있지 않다. 최현배의《우리말본》같은 한글 문법

관련 서적은 해방 직후의 남한에서 쌀 한 가마니와 맞바꾸기도 했으며,[17] 북한에서도 인기가 높아 이 책을 한 짐만 지고 북으로 가면 명태를 한 달구지나 가져올 수 있었다고 한다.[18]

일본 지식에서 민족·미국 지식으로

광복 직후 외쳤던 '식민지와의 완전한 단절'이 실제로 얼마나 어떻게 이루어졌는가는 조금 더 따져볼 문제이다. 해방기는 현대 한국문화가 형성된 기원적 시공간이지만, 동시에 그 기원은 식민지에서 구성된 앎의 형식과 내용을 민족적인 것으로 변형시키는 작업을 통해서 가능했다.

1950년 3월 《학풍(學風)》에 발표된 김성한의 단편 〈김가성론〉은 해방 직후의 한국 지식사회를 풍자하는 소설이다. 주인공 김가성은 교토제국대학 출신의 서울대(작품에서는 'S대')교수로 암시되는 27살의 신진 학자다. 김가성이 쓴 중학 화학 교재를 읽은 한 중학생은 친구에게 "틀렸어, 왜말로 쓴 그 무슨 책이더라? 하여튼 무슨 화학연구야. 꼭 그대룬거 뭐, 사선 뭣해"라며 그 교재의 독창성을 부정하고, 김가성의 동창

들인 신문기자들은 "흥, 해방 덕을 단단히 봤지. 무호동에 이작호(無虎洞狸作虎, 호랑이 없는 골에 이리가 행세한다 - 인용자)야"[19]라며 그를 '새치기 학자'로 힐난한다.

중학생을 통해 비판되는 김가성의 표절, 즉 해방 이전 일본의 교육 내용을 그대로 베낀 개설서와 번역서의 출간은 당대에는 흔한 현상이었다. 아직 새로운 지식을 생산해낼 조건이 미비한 초기 탈식민지 사회에서 비록 '일본 것을 답습한 것'일지라도, 과거 지배자의 지식 위에 민족의 언어를 덧씌우는 과정은 그 자체로 새로운 정치적 의미를 만들어냈다. 일본인 교수의 공백을 전제로 한 '호랑이 없는 골에 이리가 행세한다'라는 표현에도 청산의 대상이면서 동시에 권위의 원천인 제국의 지식(제도)에 대한 양가적 감정이 담겨 있다. 이를테면 김가성의 학문적 전문성을 보증하는 것은 '교토제국대학 출신'이라는 이력과, 제국대학과 연속해 있는 것으로 간주되는 S대학 교수라는 권위다.

서울대학교의 설립은 식민지 제도의 변형 과정을 잘 보여준다. 1946년 7월, 경성제국대학을 인수한 경성대학과 서울 및 근교에 있는 10개의 관립·사립 전문학교를 통합하는 국립대학설립안(약칭 '국대안')이 발표되었다. 정부가 설립되지도 않은 상태에서 국립대학을 세우는 것이 모순이며 그 과정도 비민주적이라는 격렬한 비판이 쏟아졌지만, 서울대학교의 설립은 결국 인가되었다. 이 과정에서 조선에 대한 지식을 담당하던 일본 제국대학의 '법문학부'는 미국식 교양학부를 변용한 '문리과대학'이라는 새로운 제도로 바뀌었다.

실증주의와 함께 근대적 학문을 대표한 두 축 중 하나였던 마르크스주의 지식인들이 대거 월북한 상황에서, 진단학회 및 조선어학회 회원들이 문리과대학의 핵심을 장악했다. 제국의 지방학으로 수행되었던 '조선학'은 새로운 국민국가의 동질적 자아를 형성하는 규범적 지식인 '한국학'으로 변모했다. 정부 수립 직전인 1948년 8월 10일, 서울대는 맥아더 장군에게 명예법학박사 학위 1호를, 곧이어 하지 중장에게 2호를 수여했다. 1949년에 수여된 3호 명예법학박사는 이승만이었다. 이러한 박사학위 수여 순서는 당대의 권력관계를 투사하고 있다. 또한 이것은 신생 서울대와 그것이 생산할 지식이 냉전의 세계지리 속에서 어떤 가치를 지향할지를 보여주는 상징적인 사건이었다.

서울대 문리과대학이라는 학술제도와 출판자본, 그리고 미국이라는 새로운 '보편' 제국이 결합해 창출된 지식장(場)

1948년 10월 창간된
종합학술지 《학풍》(을유문화사).

해방 직후인 1945년 12월
설립된 을유문화사가 1947년 3월
종로3가 12번지에 낸
직매서점 문장각의 당시 모습.

THE EUL-YOO
PUBLISHING CO. LTD.   SALES AGENTS FOR
                               U.N. PUBLICATIONS
도서출판 을유문화사 판매부

을 살필 수 있는 사례가 을유문화사의 종합학술지《학풍》과 '조선문화총서'이다.《학풍》은 대한민국 정부가 수립된 직후인 1948년 10월 창간되어 1950년 6월호까지 20개월간 통권 13호가 간행되었다. 초기에는 사회주의적 지식인들도 글을 실었지만, 곧 그 주도 세력이 서울대 문리과대학 소속 교수 일색으로 바뀌었다. 이후 민족주의 및 미국·서구의 지식이 중심을 이루며 사회주의적 내용은 모습을 감추게 되었다. 을유문화사가 간행한 '조선문화총서'는 식민지 시기 제국의 지방학으로 구성된 조선학을 독립된 '한국학'으로 대중화한 기획물이다. 제1집《조선민족설화의 연구》(손진태), 제2집《조선문화사연구논고》(이상백), 제3집《조선탑파연구》(고유섭), 제4집《고려시대의 연구》(이병도) 등을 비롯하여 한국전쟁 직전까지 13집이 간행되었다.

좌우 대립과 문화의 분단

그렇지만 해방 직후는 무엇보다도 '정치사상 팸플릿의 시대'였다. 조선공산당 기관지《해방일보》기자였던 박갑동은, 다른 신문 발행부수가 몇만 부 수준에 머물러 있던 반면 《해방일보》는 60만 부를 발행하느라 하루 종일 찍었다고 기억한다.[20] 좌익 서적 통계를 조사한 《조선해방연보》를 보면, 1946년 7월 5일까지 간행된 202종의 서적 중 좌익 서적이 66종으로 32.7%를 차지했다.[21] 중고서점 매출의 80~90%를 좌익 서적이 차지했다는 신문 기록도 있다.[22]

소설가 김동인은 "외국 여행자로 조선 책방 점두만 들여다보고는 조선은 모국(소련 ─ 인용자)의 위성국이나 아닌가 하는 얼토당토않은 그릇된 단안을 내리게 된다"[23]고 당시의 팸플릿 붐을 전한다. 언론인 송건호도 1946년 봄부터 좌익사상을 전하는 팸플릿이 쏟아져 나오기 시작해서 "46년 1년간은 이러한 이념 팸플릿이 서점을 가득히 메웠고 학생들은 이런 '팸플릿'을 읽고 사상청년으로 변해갔다"[24]고 기억한다. 소설가 서기원 역시 팸플릿 종류의 '부하린 등 공산주의 사상가들의 책, 《공산당선언》 《공산주의 ABC》, 레닌의 연설집' 등을 많이 본 사상 서적으로 술회한다.[25] 그 외에도 레닌이나 스탈린 그리고 마오쩌둥(모택동)의 저서와 유물론에 관한 번역서들이 집중적으로 출판되었다. 가히 '불온서적'들의 해방 시대라고 할 만하다.

해방 직후는 정치사상 팸플릿의 시대였다. 조선공산당 기관지 《해방일보》는 하루
발행부수가 60만 부에 달했다. 그러나 '조선정판사 위조지폐 사건'으로 1946년 5월
16일 정간되었다가 한국전쟁기 서울이 인민군에게 함락된 직후인 1950년 7월 2일
재간행되었다. 사진은 《해방일보》 창간호인 1945년 9월 19일자(위)와 재간행된
이후인 1950년 8월 15일자(아래).

이들 좌익 팸플릿은 황민화 교육만을 받았던 청년 세대에게 새로운 세계를 보여줬다. 해방은 조선인, 특히 청년들에게 정치에 대한 갈증을 풀어준 사건이었다. 그 정치사상의 한복판에는 마르크스주의가 자리하고 있었다. 1946년 7월 미군정 공보부의 대규모 여론조사에 따르면, 한국인의 85%가 '대의기구를 통한 모든 인민의 지배'가 바람직한 정부 형태라고 응답하였으며, 70%가 좋아하는 사상으로 '사회주의'를 꼽았다(자본주의 13%, 공산주의 10%).[26] 이 통계는 당시 한국인들이 좌익에 의해 주도된 '거리의 정치'와 사회주의적 국가 건설에 우호적이었음을 일러준다.

그러나 미군정이 지배하는 남한에서는 좌우익 갈등이 심화되었고, 점차 좌파의 정치 활동에 금압이 가해졌다. 1946년 9월 대구 봉기, 조선정판사 위조지폐 사건과 《해방일보》 정간, 남로당 불법화, 제주 4·3 항쟁과 여수·순천 사건, 단독 정부 수립으로 이어지는 일련의 과정에서 남한 사회는 사상적 경직이 심화되었으며, 좌익 서적은 금지되어 남한의 공식적인 출판계에서 점차 사라져간다.

1948년 4월 열린 '전조선 정당사회단체·대표자 연석회의' 취재차 북한을 방문했던 기자 김석동이 남긴 취재기〈북조선의 인상〉은 남북한이 분단되어 각각의 독자적인 공동체로 변모한 사실을 보여준다. 그는 보행자 우측통행을 엄수하는 평양 거리에서 좌측통행에 익숙한 남한 방문단과 평양 시민이 자꾸 어깨를 부딪혀 교통경찰에게 주의를 받는 장면을 보고한다. 이것은 삼팔선을 경계로 분단된 남북한에 서로 다른 규율체제가 형성되었음을 일러준다. 또한 김석동은 책 가게에서 소련의 출판물인《고요한 돈》《레닌 선집》등을 발견했지만 "북조선 돈이 없어서" 살 수 없었다고 아쉬워한다.[27]

1957년 문교부에서 출판·판매 금지 처분을 내린 월북 작가들의 명단

구분	작가명	비고
A급	임화, 김남천, 안회남, 박찬모, 현덕, 이원조, 이태준, 박세영, 이병규, 김사량, 이북명, 허준, 한설야, 이기영, 이찬, 안함광, 한효, 홍명희, 홍기문, 조벽암, 오장환, 지하련, 오기영, 박팔양, 서광제, 박아지, 송영, 임선규, 함세덕, 신고송, 김태진, 김순남, 이면상, 박영호, 이선희, 최명익, 민병균, 김조규	6·25 전 월북자
B급	홍구, 이용악, 이병철, 설정식, 문철민, 배호, 임서하, 김동석, 김이식, 박계명, 박상진, 안기영, 정현웅, 김만경, 박문원, 이범준, 이건우, 정종길, 김영석, 강형구, 박노갑, 김소엽, 정종여	6·25 후 월북자

이제 남북한은 삼팔선을 경계로 각각 독자적인 화폐를 사용하는 다른 국가로 재편되었으며 지식문화 역시 분단되었다. 그리고 남한 정부가 1957년 3월 신학기를 맞이하여, 월북한 좌익 계열 작가들의 저서 출판 및 판매를 금지하는 시책을 발표하면서 문학 분야에서의 분단은 공식적으로 완결되었다.[28] ⓒ

삼팔선의 비극을 상징하는 베스트셀러 한 권을 특별히 기억해둘
만하다.

수도문화사에서는 1949년 11월, 후지와라 데이(藤原てい)가 쓴
《흐르는 별은 살아 있다》를 번역해《내가 넘은 삼팔선》으로 제목을
고쳐 간행했다. 한국전쟁이 일어난 1950년 6월까지 반년 남짓한
기간에 14쇄, 총 4만 5천 부가 팔려 나갔다. 이 책은 만주국 신경
관상대에서 근무하던 남편이 시베리아로 끌려간 뒤, 주부의
몸으로 홀로 세 명의 자녀를 이끌고 북한을 거쳐 월남해 일본에
도착하기까지의 '고난의 행로'를 기록한 수기다. 후지와라의
가족을 포함한 일행 17가구 49명은 1년여간 고통스런 공동생활을
이어가며 북한을 가로질러 남한으로 탈출한다. 그 과정에서 질병과
영양실조로 일행이 속속 죽어가고 더러는 미쳐간다. 후지와라는
동족인 일본인들의 이기적인 인간성을 가감 없이 드러낸다.
또한 자신의 아들이 장티푸스에 걸렸지만 혈청 값을 구하지 못해
죽기 직전 조선인 의사의 호의로 살아나게 되는 장면을 통해
지배·피지배의 기억을 뛰어넘는 인간애를 그리기도 한다. 이렇게
북한에서 1년여 동안 고난을 겪고 1946년 8월 1일부터 10여

삼팔선이 만든
　한 권의
베스트셀러,
《내가 넘은 삼팔선》

일간 삼팔선을 넘어 부산을 거쳐 일본에
귀국하는 것으로 이야기를 끝맺고 있다.
이 책은 합동통신사 기자 세 명이 하루
저녁 동안 번역하였으며, '내가 넘은
삼팔선'이라는 제목은 수도문화사 사장
변우경이 붙인 것으로 알려져 있다.[29]
남북한에서 각각 단독정부가 수립되고
삼팔선이 국경선으로 고착되면서
실향민이 된 많은 월남민들은 일본 여인의
식민지 탈출 고난에서 자신들의 삼팔선 월경의 비극을 겹쳐 읽었다.
식민지배자였던 일본인들의 후일담에 대한 궁금증을 풀어준 것도
이 책이 베스트셀러가 된 이유였다.
그렇지만 곧 한국사회는 일본 여인의 고생담쯤은 우습게 느껴질
정도로 미증유의 고난을 경험하게 된다. 한국전쟁이 발발한 것이다.
수도문화사는 1964년 똑같은 형태로 제15쇄, 3천 부를 찍었지만
전혀 팔리지 않았다고 한다. 삼팔선의 비극은 한국전쟁과 휴전선의
더 큰 비극에 밀려난 것이다.

한국전쟁기
책과
지식 풍경

교육열과 전시 대학

　　한국전쟁은 지식과 사상의 다채로움과 중간지대를 제거했다. 좌익/우익의 구별 짓기는 곧바로 생사의 문제와 맞닿아 있었다. 전쟁기에 어느 노인이 막대기에 태극기와 인공기를 함께 매달고, 마을로 진주한 군인들을 맞이했다는 이야기는 당시 민중의 생존의 고달픔을 보여준다. 최근까지도 우리 사회에서는 종북몰이의 과정에서 국민의례로 충성 증명을 요구했다. 촛불항쟁을 거친 우리 사회는 과연 뿌리 깊은 색깔론에서 완전히 벗어날 수 있을까?

　한국전쟁은 삶의 터전은 물론 사회 구조와 계층 질서를 파괴했다. 그로 인한 인민 대다수의 빈민화는 역설적으로 사회적 지위의 평준화를 초래했다. 폐허 속에서 계층 상승과 이동의 기회가 균등하게 주어진 것처럼 보였다. 파괴가 남긴 역설적 기회 속에서 꿈틀거렸던 생존과 상승의 욕망은 우선 교육열을 통해 터져 나왔다.

많은 외신이 한국전쟁 중의 3·4부제 수업과 한 학급에 100명 이상을 수용한 교실의 광경을 놀라움과 함께 타전했다.* 전시의 와중에 초등학교 학령 아동 대부분이 정규수업을 받고 있다고 전하는 보도도 있다.[30] 과장되었지만 당대 교육열의 열도만은 짐작할 수 있다.

전시 대학은 교육열의 정점이었다. 서울의 대학들은 남쪽으로 피난 내려와 1951년 4월 부산, 광주, 전주, 대전 등 4개 도시에 '전시 연합대학'을 설치한다. 1951년 9월부터 각 대

---

* 《뉴욕타임스》 1951년 4월 23일자는 당시 교육열을 다음처럼 묘사했다. "교외 어떤 산 위에서, 그 전 일본 신사(神社) 그늘에서, 어떤 초등학교는 개천 자리에서, 그리고 한 남자중학교는 산 밑 골짜기에서 각기 수업을 받고 있다. 남한은 어디를 가든지, 정거장에서, 약탈당한 건물 안에서, 천막 속에서, 그리고 묘지에서 수업을 하고 있다. 교과서 있는 학생은 교과서를 가지고, 책 없는 학생은 책 없는 대로, 지리·수학·영어·미술 그리고 공민 교실로 몰려들고 있다. 여학생들은 닭을 치고 계란을 팔아서 학교를 돕는다. 안동에서는 학생들이 흙벽돌로 교사(校舍) 세 채를 이미 건축하였다."(오욱환, 《한국사회의 교육열: 기원과 심화》, 교육과학사, 2000, 248쪽에서 재인용)

한국전쟁의 와중에도
민중의 교육열은 뜨거웠다.
사진은 전쟁 중 서울의
한 전시 학교의 모습.

학은 단독으로 임시 대학을 개설했다. 서울대와 연희대(연세대)는 부산에, 고려대는 대구에 임시 학교를 열었고, 1951년 10월에는 각 지방 중심지에 경북대, 전남대 등 거점 국립대학들도 설립되었다.

입영 면제 혜택을 준 전시 대학은 기득권 계층 자제의 병역 기피 수단으로 악용되었다.* 그러나 전시 대학열은 분명 고등교육과 전문지식에 대한 갈증도 포함하고 있었다. 또한 지방의 거점 국립대학들은 지역사회의 독자성·자율성을 형성해가는 중요한 기반이 되었다. 이후 4·19와 산업화 과정에서 볼 수 있는 것처럼, 전시 팽창으로 증가한 대학생 집단은 사회 변화의 중추로 등장하게 된다.

북한 역시 미래 세대에 대한 교육에서 남한에 뒤지지 않는 열의를 보였다. 북한 정권은 전쟁이 소강상태로 접어들자 복구사업을 시작하며 간부엘리트의 양성과 과학기술 분야에 대한 지원을 시작했다. 김일성종합대학을 비롯한 각 대학

* 1951년 2월 18일 대학생에 대한 징집이 연기되는 조치가 취해졌다. 이후 대학생 수가 무서운 속도로 증가했다. 소설가 염상섭은 미완의 장편소설 《젊은 세대》에서, 당대 대학생들이 '이중 호적'과 대학생 징집 연기, 미국행 등을 통해 병역을 기피하는 풍조를 비판하고 있다.

과 각종 양성기관이 복구되고 후방으로 재배치되었다. 1952년 초부터는 전선의 대학생과 교원 출신 군인들을 학교로 불러들여 학업을 재개했다. 1952년 12월에는 부수상 홍명희를 원장으로 하는 과학원을 창립했다.

혼돈의 책 읽기

그렇다면 이 시기 사람들은 무슨 책을, 어떤 경로를 통해 구해 읽었을까? 미증유의 혼란기였던 만큼 당시 지식의 풍경 역시도 혼돈스럽기는 마찬가지였다. 비평가 김현이 《한국문학의 위상》에서 회고하는 국민학교(초등학교) 5학년 때의 전시 독서 풍경은 흥미롭다. 그의 동네에는 유식한 피난민들이 마땅히 할 만한 장사가 없어 벌여놓은 헌책방이 숱하게 많았다. 이 책방을 통해 그는 "이형식에서 오유경에게로, 허숭에서 임꺽정에게로, 그리고 오필리아에서 파우스트로 정신없이 뛰어다"[31]니는 독서를 했다. 김현이 호명하는 이 이름들은 이광수의 《무정》과 《흙》, 김내성의 《청춘극장》, 홍명희의 《임꺽정》, 셰익스피어의 《햄릿》, 괴테의 《파우

스트》의 주인공들이다. 조숙한 소년 김현은 친일파 이광수의
작품부터 적국 북조선의 부수상 홍명희의《임꺽정》, 당대의
베스트셀러인 김내성의《청춘극장》과 셰익스피어·괴테 등
의 서구문학을 넘나들면서 이후 대비평가가 될 문학적 소양
을 쌓아갔다.

이 시기 대학생이었던 리영희도 흥미로운 증언을 남겼다.
그는 한국어로 된 김내성의《백가면》, 방인근의《마도의 향
불》, 이광수의《무정》《유정》, 박계주의《순애보》등과 더불
어 셰익스피어와 영시 및 일본어판 세계문학독본 등을 읽는
다. 통역장교로 복무하면서는 일본에 휴가 가는 미군 인편으
로 일어판《전쟁과 평화》와 영어판 도스토옙스키 작품을 구
해 읽기도 한다.[32]

그의 지적 세계에는 일본어로 된 교양 읽기, 한국어로 된
대중문학 읽기, 영어를 통한 서구 교양 읽기가 공존하고 있
다. 리영희의 독서편력은 당대 지식과 책 읽기의 혼종적 양
상을 압축적으로 보여준다. 내밀한 의식의 속살을 드러내는
일기를 일본어로 쓰고 영어 잡지《인카운터》를 읽으며 세계
를 호흡했던 시인 김수영의 경우도 마찬가지로 당대 지식인
의 언어와 독서의 양태를 보여주는 사례이다.

이 시기 대중은 딱지본 소설과 '언문 소설'들을 여전히 즐겨 읽었다. 또한 이광수와 김내성의 작품, 그리고 김용제의 《김삿갓 방랑기》와 같은 대중물이 유행하는 한편에서는 일본어 문고판으로 세계문학 및 지성사가 읽혔다. 식민지 시기 일본어로 발간된 책들을 통해 금단의 좌익 지식도 꾸준히 유통·흡수되었다. 또한 《성조지(The Stars&Stripes)》 등에서 미국 소식이 발췌 번역되어 읽혔고, 일본과 미국의 베스트셀러 목록에 대해서도 지속적인 관심이 기울여졌다.

전선 남·북의 책과 지식

서울이 인민군에게 함락된 직후인 1950년 7월 2일, 조선정판사 위조지폐 사건으로 정간되었던 《해방일보》가 재간행된다. 《조선인민보》도 속간되었다. 학생들을 모아 '교양 강좌'를 열고 《해방일보》와 《조선인민보》를 교재로 선전을 벌인 뒤 자연스럽게 '궐기대회'로 넘어가 전원을 의용군에 자원하게 이끄는 대중집회가 잇따랐다.[33] 역사학자 김성칠은 국영 백화점 간판이 걸린 '화신'에 문을 연, 이북에서

온 책들을 파는 서적부에 들러 역사 잡지《역사의 제문제》, 단행본《조선어문법》● 등을 샀다고 일기에 적고 있다. 그에 따르면, 인민군 치하의 서울에서는《당사》니《선집》이니 하여 술이 두텁고 값이 싼 책들이 많지만 "당원이 아니면 팔지 않는", 정치적 지식에 대한 철저한 차별대우가 존재했다.[34]

그렇다면 낙동강 전선의 이남이었던 피난지 대구·부산의 출판 풍경은 어떠했을까. 이곳 피난지에서 한국문화사에서 잊을 수 없는 중요한 잡지가 여럿 새로 나왔다. 1951년《희망》이 창간되고, 1952~1953년에《학원》《사상계》《여성계》《자유세계》《신태양》 창간이 뒤따랐다. 문교부(오늘날의 교육부) 산하 '국민사상연구원'의 기관지《사상》이 4호 만에 폐간되자, 장준하는《사상계》로 제호를 바꾸어 재창간한다. 장준하 부부가 잡지를 리어카에 싣고 각 서점에 배포했다는 이야기는 유명하다. 이 잡지는 미국의 용지 제공을 받았으며, 초기에는 전혀 반정부적인 논조를 띠지 않았다. 이후 반공과

● 《조선어문법》은 북한의 내각 결정으로 꾸려진 조선어문연구회(위원장 전몽수) 산하의 문법편수분과위원회(12명)에서 1949년 편찬한 북한의 공식 문법서다.

자유민주주의론의 설파를 통해《사상계》는 한국 현대사에서 민주주의를 대변하는 지성의 대명사로 자리 잡게 된다.

도강파와 잔류파

　　이승만과 그 핵심 수하들은 정부를 믿고 생업에 종사하라는 녹음방송을 남기고 도망갔다. 이들 '남하한 애국자'(도강파)들은 실상 "직장을 사수하라"는 성명을 남긴 후 국민을 속이고 한강 다리를 폭파하며 자기들만 도망간 비겁자이거나, 아니면 그런 정부의 명령을 어기고 직장을 이탈한 자들이었다. 그랬던 그들이 돌아와 정부의 명령을 충실히 따른 잔류자들을 부역자로 심문·탄압하는 사태가 발생했다. 박완서는 반공주의자들 안에서도 "도강파라는 특권계급"이 생겨났으며, "친일파의 정상은 그렇게 잘 참작해주던 그야말로 성은이 하해와 같던 정부가 부역에는 그다지도 지엄할 수가 없"[35]었다고 탄식한 바 있다.

　이런 상황에서 서울 함락과 그 이후 인민군 점령 하의 도피 생활을 묘사한 책들이 나왔다. 1950년 9월 28일 서울 수복 직후에만 세 편의 수기가 출판되었다. 먼저 유진오·모윤숙·이건호·구철회의 체험을 묶은 공저 《고난의 90일》(수도문화사, 1950)이 출판되었다. 이후 모윤숙은 《나는 이렇게 살았다—수난의 기록》(을유문화사, 1950)이라는 별도의 단행본을 펴냈으며, 기자들의 종군기인 《동란의 진상》(을유문화사, 1950)도 출판되었다. 이외에도 양주동·오제도 등 9인의 저명인이 인민군의 서울 점령 90일 동안 겪은 일을 엮은 《적화삼삭 구인집》(국제보도연맹, 1951) 등이 이 시기를 증언하고 있다.

이들 '잔류파'들은 부역 심판의 광풍 속에서 자신들의 '결백'을 체험 수기를 통해 증명하고자 했다. 그러나 이면에는 자신들을 곤경에 밀어 넣고 자기들끼리만 도망간 도강파에 대한 울분과 항변이 자리하고 있었다. 이외에도 국방부 정훈국 등에서 간행된 《전선문학선》《전시한국문학선—시·소설편》(1950)《전쟁과 소설—현역 작가 5인집》(계몽사, 1951)《전시문학독본》(계몽사, 1951) 등 일련의 전시문학도 당시의 특색을 드러내는 독서물로 기억해둘 필요가 있다.

친일에서 반공으로

　　한국전쟁은 모두에게 불행이었을까? 당시 일본 총리를 지낸 요시다 시게루의 말처럼, 한국전쟁은 '전후(戰後)' 일본에게는 "신이 내린 선물"이었다. 한국전쟁을 계기로 일본은 전후 부흥을 이루었다. 한국전쟁과 이후 이어지는 베트남전쟁에서 아시아 민중의 피 값으로 축적한 부를 통해, 일본은 1970년대 이래 '대동아'를 대체한 '자유 아시아'에서 미국을 대행하는 패자(覇者)의 지위를 다시 획득할 수 있었다.

　　국내의 친일파들은 어떠했을까? 식민지 말기 친일문학의 대명사인 잡지 《국민문학》을 주재했던 최재서는 해방 이후 일체의 문필 활동을 접고 있었

다. 그러다가 한국전쟁을 맞으면서 《매카-더 선풍》(향학사, 1951)과 《영웅 매카-더 장군전》(일성당서점, 1952) 등 두 편의 맥아더 전기를 각각 집필·번역하면서 공적인 담론장에 재등장한다.

　　《매카-더 선풍》은 "지하실에

《영웅 매카-더 장군전》.

서 이불을 뒤집어쓰고 동경방송에 나오는 '매카-더 콤뮤니케'를 듣던 작년 칠월 이래 매카-더 장군은 나의 생활의 일부였다"[36]고 고백하는 서문으로부터 시작된다. 최재서는 피난하지 못한 인민군 점령 치하에서 은신하며 동경에서 들려오는 '푸른 눈의 쇼군' 맥아더의 '옥음'을 유일한 희망으로 붙잡고 있다.

이처럼 한국전쟁을 거치며 친일의 과오를 반공으로 씻어내고, 그는 자유민주주의 진영의 정치적 주체로 갱생할 수 있었다. 두 편의 맥아더 전기는 이를 위한 일종의 글쓰기의 제의였다. 이후 최재서는 1950년대 《사상계》와 《새벽》의 중요 필진으로 활약했으며, 4·19 혁명 당시에는 학생들의 희생을 기리는 에세이를 통해 민주주의의 옹호자로 거듭나게 된다.[37] 최재서의 사례에서 보듯이, 한국전쟁은 많은 친일인사들이 일본이라는 과거를 지우고 미국/서구라는 새로운 진영에 완전히 안착하게 된 중요한 계기이기도 했다. 그렇지만 이 새로운 시민은 냉전과 반공으로 제약된 반쪽짜리 세계시민이었다. 점

서울 수복 직후인 1950년 9월 30일, 경무대로 이승만을 찾아간
모윤숙은 분한 생각에 이승만의 넥타이를 붙잡고 대롱대롱 매달려
"할아버지, 도대체 나를 부려먹고 막판에는 방송을 시키고 혼자만
살려고 피난 가기예요"[38] 라고 바락바락 악을 썼다고 회고했다.
이승만과 깊은 친분이 있던 모윤숙은 따지기라도 했지만, 대부분의
잔류파들은 결백을 증명함으로써 생명을 도모해야만 할 형편이었다.
9·28 서울 수복 직후 피난(도강)은 곧 '반공'의 표식이 되었다.
그리고 '잔류파'란 명명은 "마마와 역병"인 공산주의라는 질병에
노출되고 감염된 징표이자, '주홍글씨'의 표식처럼 이념적 불륜의
증거로 여겨졌다.[39] 공산주의를 '질병'으로 은유하는 것은 당대의
흔한 표현이었다. 이제 피난하지 못한 자들은 의심과 감시의 대상이
되었다. 실제로 잔류한 사람들 중 적지 않은 이들이 부역 혐의로
처형되기도 했다. 그래서 잔류 문화인들에게는 '참회'와 '속죄'의
기록이 직접적으로 요구되었다.
양주동·백철·장덕조·김용호·박계주·최정희·오제도·손소희·
송지영 등 9인의 저명인사가 '인민군 치하'(적화赤禍)의 '90일'
(삼삭三朔) 동안 겪은 고난을 담은 《적화삼삭 구인집》은 이러한

"난 빨갱이가 아니오",
잔류파의
고해성사
《적화삼삭 구인집》

맥락 속에서 탄생한 책이다. 이 수기집은 고백을 통한 고해성사와 알리바이를 입증하는 자술서적 글쓰기의 형식을 취했다.

이 글들은 잔류 및 소소한 부역행위의 불가피성을 읍소하고 있으며, '빨갱이'(인민공화국)에 대한 증오의 언어들로 가득 차 있다. 이를테면 양주동은 공산주의의 만행을 열거하며 '아메리카적 민주주의'냐 '소련적 정치양식'이냐의 양자택일이 있을 뿐, 중간파적 입장은 독이라고 선언한다. 그렇지만 그는 '빨갱이'의 등급을 나누는 논의에서, '악질 빨갱이'는 처결해야 하지만 일시적 선전에 기만되거나 압제에 의해 어쩔 수 없이 협조의 제스처를 취했던 자유주의 지식인에 대해서는 아량을 베풀어 포용하고 선처해야 한다고 말한다. 이 부류의 지식인에는 그 자신도 포함될 터이다. 백철은 "살어야 하겠다! 나는 이번 사변에서만치 인간의 생명욕이 그처럼 강한 본능인 동시에 비굴한 것인 줄 느낀 일이 없다"[40]라며, 부역의 결정적인 원인을 '생에 대한 욕망'이라 고백하고 있다. 수기집 전편에서 문인들은 지속적으로 부역행위를 반성하고 있지만, 사실 그들의 문장 이면에는 도강파를 향한 억울한 반문이 자리하고 있었다. "너희라고 달랐겠느냐."

자유·부패·부활: 1950년대

대형 베스트셀러 《자유부인》의 오해와 진실

　　정비석의 소설 《자유부인》(정음사, 1954) 이야기로부터 그 시대의 독서문화와 한국사회를 말하는 것은 사실 좀 상투적이고 피곤한 일이다. 오늘날을 사는 사람들이 실제로 얼마나 이 소설을 읽었는지는 모르되,《자유부인》은 정말 많이 그리고 쉽게 이야기돼왔기 때문이다.《자유부인》은 1956년과 1957년, 1969년, 1981년과 1986년 등 다섯 번이나 영화화됐는데, 처음 개봉한 1956년에 10만 명이 넘는 관객을 동원하며 그해 영화 흥행 순위 1위에 올랐다. 이로써《자유부인》은 '바람난 유부녀'가 벌이는 외설적인 대중서사의 대표가 됐다. '자유부인사'를 쓸 수 있을 정도인데, '애마', '젖소' (심지어 '김밥') 따위의 어휘와 어울린 각종 '부인'과 그들의 외로움(?)을 다룬 대중서사의 원조인 것이다. 하지만 1950년대

중후반 한국사회에서《자유부인》이 가진 문화정치적 함의는 그런 것을 넘어선다.

《자유부인》은 연재 중이던 당시《서울신문》의 판매부수를 좌지우지할 정도로 엄청난 인기를 끌었고 단행본도 수십만 권이 팔렸는데, 시끌벅적한 논란·스캔들 등을 수반하면서 베스트셀러가 되었다. 논란은 고매한 대학교수(국어국문학과의 국어학 전공 교수)의 부인이 바람이 나서 급기야 집을 나가고, 교수도 젊은 여성 타이피스트의 종아리 같은 데 관심을 갖는다는 줄거리에 심히 불쾌감을 느낀 서울대 법대 교수 황산덕의 공격으로부터 시작된다.[41] 황산덕은《자유부인》을 "대학교수를 양공주에 굴복시키고 대학교수 부인을 대학생의 희생물로 삼으려"는, "중공군 50만 명에 해당하는 조국의 적"이라며 강하게 비난했다. 1956년에 처음 영화로 만들어졌을 때도, 늘 점잖고 고뇌가 많았던 문교부가 키스 및 포옹 장면(정사가 아니다)의 필름을 약 100피트나 잘라내는 바람에, 표현의 자유 논쟁을 야기하고 대중의 관심을 더 크게 만들었다. 이런 견지에서《자유부인》은 진정한 의미의 현대적인 베스트셀러다. 현대 자본주의 사회에서 책이나 영화가 대규모로 흥행하기 위해서는 텍스트 그 자체나 작가의 의도와는 무

《자유부인》 신문 연재와
단행본 초판본.
그리고 1956년
한형모 감독이 영화화한
〈자유부인〉의 포스터와 전단지.

관한 이슈화(오해, 논란, 법정 공방 등)가 수반되고 시장을 자극해야 하기 때문이다.

《자유부인》은 단지 여성의 욕망을 남성의 시선으로 과장하여 '시전'하는 포르노적인 골조만을 가진 것은 아니다. 오히려 그런 점은 약하다고도 할 수 있다. 주인공 오선영은 남자들의 유혹에 이끌려 집을 나갔으면서도 끝내 '외간 남자'와 섹스하지 못한다. 영화에도 베드신은 없다. '결정적인 순간'에 꼭 뭐가 나타나 방해한다. 남자였던 작가나 당대의 '상식'은 그녀의 '자유'를 심히 제약했던 것이다. 사실 작가는 당시의 '된장녀'로 지목된 오선영과 그 친구들을 꾸짖기 일쑤다. 오늘날의 관점에서 보면 '여성 혐오 발화'라 지목될 수 있는 구절도 많다. 더구나 결말에서 작가는 오선영을 '민족–남편' 앞에 무릎 꿇린다. 이승만이 주창한 맞춤법 간소화에 반대하는 학술 세미나에 나타난 남편이 얼마나 훌륭한 민족주의 학자인가를 깨닫고 참회한다는 황당한 귀결이다.

그러니까 말하고자 한 것과 보여준 것이 서로 모순되는 대중서사의 전형적인 효과를 가진 것이 《자유부인》이다. 결말이나 표면적인 메시지는 상식적이고 교훈적인데, 그걸 말해가는 과정은 당시 사회의 모순과 인간의 욕망을 가감 없이(?) 드러내며, 지배적인 규범과 윤리의 위선이 낱낱이 폭로되도록 한다. 즉 이 같은 문제적인 베스트셀러는 등장인물의 입이나 행동을 통해 지배질서를 비판·공격하며, 여성·노동자·하층민 등 억압당한 존재들이 성적·계급적 억압으로부터 해방된 상황을 보여주기도 하는 것이다. 또한《자유부인》의 서사는 이승만 정권의 정치인과 공무원 그리고 교수·사업가 등 당대 특권층의 치부는 물론, 특히 정경유착과 여당의 선거 행태 등 총체적인 '정치 부패'도 까발린다.

그런 점에서《자유부인》은 암암리에 민중의 분노와 여성의 '해방'을 담고 있고, 일종의 '정치 포르노'로 수용되었을 가능성도 있다. 프랑스 사학자들은 대혁명 전야에 발흥한, 왕족과 특권귀족을 등장시킨 정치적 포르노와 민중혁명의 관계를 밝히려 애쓴 바 있다.[42] 그러니 우리도《자유부인》이 혹 4·19 혁명의 텍스트였는지도 모른다고 말하면 과도한 것일까?

'자유부인'은 혼자가 아니었다

    그런데 왜 '자유'와 '여성'이 결합하여 폭발적인 관심을 끌게 됐을까? 1950년대 '여성의 자유' 또는 '자유 부인'은 한국이 미국 중심의 자유주의 세계에 편입되면서 생긴 일종의 가상이거나 문화적 변동의 부산물이다. 당시 한국인에게 아직 낯설었던 '자유민주주의'는 전쟁이 야기한 사회 변동과 혼동되거나 겹쳤던 것이다. 전쟁 탓에 많은 남성이 죽거나 전통사회적인 가족이 붕괴되면서 여성의 경제·사회 활동이 자연스레 확대되었다. 종래의 가부장적 질서는 약화되고 아프레-걸 또는 아프레-주부들이 도시와 전선의 후방에서 등장했다. 프랑스어 '아프레'(après)는 '전쟁 후'를 뜻하는 신어였는데, 특히 '아프레-걸'은 도덕적인 관념에 구애되지 않고 성적으로 자유로운 여성을 의미했다. 남자들의 로망에 맞게 순종적이고 희생적인 주부나 순애보를 실천하는 처녀도 여전히 많았겠지만, 남자들의 눈에 훨씬 잘 띄며 분노를 불러 일으킨 것은 서구적이고 소비 지향적인 여성들이었다. 그래서 많은 남성은 여성의 '자유'에 위협감을 느끼며, 이들을 한편으로는 '양공주'로, 다른 한편으로는 유한·특권계층으로 지목했던 것이다.

왜 김훈의 아버지는 장관 부인에게 핍박당했나? _____

특권계층 여성의 행태를 증오·비판하는 소설이
나오고 스캔들을 일으킨 것도 《자유부인》이 처음은 아니었
다. 한때 김구의 비서를 했고 작가 김훈의 아버지이기도 한
소설가 김광주의 단편소설 〈나는 너를 싫어한다〉는 1952년
《자유세계》 창간호에 실렸다. 이 작품에서 김광주는 '선전
부 장관'의 부인이 성악가인 청년을 유혹한다는 설정을 통해
'총체적인 의미'의 특권층 여성의 부패를 비판한다. 흥미롭게
도 이 작품에서 신경증적인 순결 콤플렉스에 걸려 있는 것은
여성이 아니라 남성이다. 주인공 '나'는 여성의 춤 자체가 성
욕의 표현이라 생각하고, 또 장관 부인이 자기에게 술을 먹
여 정신을 잃게 해서 호텔로 데려갔음에도 '아무 일' 없이 '순
결'을 지켰다는 것에 무한한 안도와 자부심을 느낀다. 성역
할의 완벽한 역전이지 않은가?

그런데 문제는 소설 바깥에서 일어났다. 실제 이철원 공

보처장(오늘날의 문화체육관광부 장관)의 부인이 소설 속 '선전부 장관 부인'은 자신을 모델로 한 것이라 생각하고 심히 불쾌하게 생각한 나머지 김광주를 찾아가 따졌다. 1952년 2월 17일, 임시수도 부산 시내의 록원다방에서 있었던 일이다. 김광주는 여주인공이 가상의 인물일 뿐이라고 항변했으나, 장관 부인은 굽히지 않고 소설을 "취소"할 것을 요구했다. 이미 배포된 잡지의 지면에 실린 소설을 취소하라니 들어줄 수 없는 요구다. 대화가 공전하자 공보처장의 부인은 집에까지 김광주를 데리고 갔고, 공보처장의 측근이 김광주를 느닷없이 폭행했다. 당시《경향신문》에 따르면, 김광주는 "머리털이 수없이 빠지고 다리에 타박상을" 입는 "백주 테로(테러)"를 당한 채 할 수 없이 사과장을 써야 했다. "소설 여주인공이 당신과 비슷한 점이 있는 것같이 일부에서 오해하는 사람들이 있다면, 본의는 아니었으나 사과한다"는 내용이었다. 그리고 이 사실이 알려져 문제가 되기 시작했다.[43]

그런데 남편인 공보처장이 해서는 안 될 일을 해서 외려 문제는 커졌다. 잡지《자유세계》를 발매 금지, 압수 처분하고 각 신문사에 '김광주 수난 사건'에 관하여 쓰지 말아달라는 공문을 장관 직인을 찍어 돌렸다. 공보처장 자신이 가진 검열 권력을 남용한 것이다.[44] 그러자 당시의 문학계와 시민사회가 크게 반발했다. 장관의 '갑질'과 특권층 여성에 대한 혐오('나는 너를 싫어한다')와 '표현의 자유' 문제가 겹친 복잡한 사건이었다.

4·19와 5·16 이후에 급격히 고갈되는 1950년대식 여성의 '자유'는 '도시·고학력·여성·문학'의 요소들을 통해 '대표'되었지만, 실제로는 광범위한 농어촌 지역뿐 아니라 도시에도 봉건적 젠더 질서의 힘에서 결코 자유롭지 못한 여성들이 허다했다. 순결 이데올로기나 축첩제 등 여성의 '자유'와 정반대 방향에 있는 힘도 여전했다.

한국문학 독자의 재구성

해방을 기점으로 문학을 중심으로 한 교양과 독서문화는 새롭게 재구성되고 재생산된다. 이는 식민지 말기의 독서 및 독자의 상황으로부터 연속된 면과 단절된 면을 동시에 갖고 있었다. 무엇보다 일본어 교육을 전혀 받지 않은 '한글 세대' 독자가 형성된 것은 단절적인 문화적 지층을 만들었다. 김현 같은 4·19세대는 이런 점을 늘 강조했다. 해방 이후의 학교 교육과 문학 제도는 새로운 다수의 독자를 신속히 길러냈다. 학교 교육 이수자의 수와 대중문학·대중잡지의 발흥이 그 증거라 할 수 있다.

여성 독자의 성장도 그 일환이다. 이는 대중의 성장의 일부이면서, 동시에 그 자체로 독자성도 갖고 있다. 여성 독자층의 성장과 재구성은 중요하다. 여성이 책을 읽고 교육을 받아 뭔가 인식하고 말할 수 있게 된다는 것은 전체 인민의 교육 평등 문제와 젠더 관계의 시험대이기 때문이다. 사실 '떠들고 설치고 생각하는 여자', 즉 여성 교육 및 여성 지성에 대한 남성의 공포와 혐오의 전통은 강했다.

하지만 1950~60년대에 걸쳐 새로운 여성 독자와 작가, 그리고 이들을 위한《여원》《주부생활》《여학생》같은 매체가 등장했다. '문학소녀'라는 말과 그 이미지도 확고해졌다. 전혜린·손소희·한말숙 같은 최고급 교육을 받은 작가들 외에도 박계형·최희숙 같은 신세대 여성 작가가 나타나 인기를 끌었다.

그런데 이런 점과 달리 한편으로는 식민지 시대로부터 연속된 독서문화의 요소도 많았다. 여전히 식민지 엘리트들이 공식 제도를 장악하고 있었고, 일본 책과 일본어 교양의 영향도 컸다. 그리고 사회적 심성의 '장기지속'을 보여주는 증거도 있었으니, 1960년대까지 문학시장에서 이광수·심훈 등을 위시한 일제강점기 작가들의 《흙》《사랑》《상록수》 같은 소설이 일각을 담당했다.[45]

1955년 이후 출판자본주의와 독서

한국 출판문화는 1950년대 중반부터 '발전'과 '회생'의 길을 걷기 시작했다. 1950년대 초중반에는 현대 한국 문화사에서 중요한 잡지들이 연이어 창간됐다. 1952년에서 1956년 사이에 《학원》《사상계》《문학예술》《아리랑》《여원》《현대문학》《자유문학》《명랑》 등이 창간됐다. 그리고 전후 베이비붐의 상징처럼 돼 있는 개띠 해 1958년은 독서문화사에서도 잊을 수 없는 한 해였다. 상시적인 자금난과 용지난을 겪던 출판계가 다소간 안정되며 성장의 길로 들어선 것이다. 전체 간행물의 규모 자체도 전년에 비해 20%나 늘어났다. 규모와 구조의 호전은 출판의 전 영역에 걸친 것이었다.

새로운 여성 독자를 위한 잡지
《여원》창간호(학원사, 1955년 10월)와
《주부생활》창간호(학원사, 1965년 4월).
그리고 중학생을 위한 종합잡지를 표방한
《학원》창간호(대양출판사, 1952년 11월).

《우리말 큰사전》《과학대사전》《이조실록》처럼 대자본과 대규모 집필·편집진이 필요한 책들이 발간되는가 하면 '문학전집'도 다시 나타났다. 정음사·동아출판사·을유문화사 등이 각각 대규모 세계문학·한국문학 전집 발간에 뛰어들어 치열한 경쟁이 시작됐다.

1950년대 후반의 이런 정황은 중대한 문화사적 전환이 일어나고 있음을 뜻한다. 첫째, 출판시장의 규모와 메커니즘이 달라져 대형 기획출판과 함께 외판·할부판매라는 1960~70년대의 지배적인 마케팅 방식이 정착했다. 둘째, 한국 출판계가 거대한 일본제국 출판시장의 일개 지역이었던 식민지 상황, 또 미국의 재정과 용지 원조에 의해 지탱 가능하던 전후 상황으로부터 문화적·경제적으로 벗어나 또 다른 방식으로 세계 출판자본주의 체제에 접속하기 시작한 것을 의미한다. 물론 이 출판문화의 '독립'과 재구성은 우리말로 된 문학과 학문 활동의 본격화와 조응하는 과정이었다. 천

이 나라 특유의 '종북몰이'와 '표현의 자유' 논란은 1950년대에도
횡행했다. 한국전쟁 이후 문교부는 문학·영화·음반 등에 대한 검열
시행령과 검열 기준을 마련하고, 산하 문화국에 의해 검열 행정이
일원화되도록 했다. 이는 전쟁 시기 국방부나 공보처에 의해 자행된
무차별하고 무원칙한 검열을 합리화하고 제도화하려 한 것이다.
그러나 이는 이미 무시무시한 국가보안법·형법이 존재하는데도
시행된 이중 삼중의 구속 장치이기도 하여 1955년 1월, 거의 전
언론사와 출판인들이 결부된 언론·출판의 자유와 검열에 대한
대논쟁이 야기됐다.

검열과 종북몰이는 도대체 대한민국이란 어떤 국가이며 이 나라에서
'자유민주주의'란 무엇인가를 묻게 하는 본질적인 문제다. 이와
관련된 끊이지 않는 논란과 혼란은 과연 북한의 위협이나 냉전 상황
때문에 야기되어온 것일까? 아니다. 국내 정치 상황과 공안 세력의
필요에 의해 벌어지는 일이다. '북의 위협'과 '내부 혼란'을 상상하는
방식의 차이는 있으나 그 본질은 늘 같았다.

이승만과 공안권력은 1950년대의 국제정세나 북한의 국력 면에서나
실질적으로 전쟁 위험도가 극히 낮은 상황에서도 계속 종북몰이와

말기 정권의
종북몰이와
'불온' 검열

국가보안법 사건을 조작했다. 특히 1956년 대통령선거에서 조봉암이 '피해 대중'(해방기에서 한국전쟁 시기 사이에 국가폭력에 희생당한 시민·대중)을 끌어안으며 선전하자 위기감을 느꼈던 듯하다. 한태연·이동화· 최석채 등의 지식인이 필화 사건을 겪었고, 북한군을 인간으로 묘사했다는 이유로 영화 〈7인의 여포로〉의 감독이 구속됐다. 그리고 1957년 여름, 때 아닌 '불온서적' 및 '불온영화'에 대한 단속 선풍이 불었다. 경찰은 '적성 서적'을 팔던 서점 주인 5명을 국가보안법 위반 혐의로 구속했고, 그중 박모 씨가 '일본에서 조련(재일본조선인연맹)계 인물로 활약하다가 최근에 귀국했다'는 '충격적'인 사실을 공개하며 공포 분위기를 조성했다. 그리고 책을 공급한 외국 서적 수입업자들로 수사를 확대했다. 책들은 대개 일본에서 들여온 '사회사상', '사회정책' 분야의 도서였다. 반일 투사 코스프레를 즐겼던 이승만과 그 하수인들은 이제 '좌빨' 바이러스의 전염 경로로 일본을 지목했던 것이다. 그래서 이승만의 괴롭힘을 견디다 못해 일본으로 망명한 《동아일보》출신 언론인 김삼규의 《오늘의 조선(今日の朝鮮)》(1956)이나 이베 마사이치 같은 일본 학자의 《사회주의 발전사》(1948) 등이 '불온서적'으로 금수·압수 조치됐다. 그리고 외국 영화 〈애정의 쌀〉〈연애시대〉〈로마의 여성〉 등이 '불온영화'라 하여 느닷없이 상영 금지 처분을 받았다. 문교부가 이미 검열하고 허가한 영화에 대해 검찰이 상영 금지 조치를 하자 이중 검열 문제가 야기되고 논란이 끊이지 않았다.

이와 같은 검열과 종북몰이는 말기에 이른 이승만 정권의 정당성이 고갈되었음을 반증하는 것이었다. 정당성이 취약한 정권일수록 공안권력과 종북몰이에 의존한다.

4·19
혁명과
책

4·19의 주체는 누구인가?

　　　　4·19는 왜 4·19라 불리게 되었을까? 처음에 '4
월 혁명'으로 일컬어지다가 '4·19'로 명명이 바뀌게 된 것은,
'피의 화요일'로 불리는 그날 하루에만 무려 111명의 사망자
가 나온 때문이겠지만, 그날부터 전국적으로 시위가 확산되
면서 그간 잠잠하던 대학생들이 본격적으로 대열에 참여한
것도 중요한 이유일 터이다.

　그렇다면 4·19는 대학생만의 시위였던가? 박태순의 단
편소설 〈무너진 극장〉(《월간중앙》 1968. 8)은 4·19의 주체와
혁명의 실상에 대해 흥미로운 인식을 보여준다. 이 소설은
1960년 4월 25일 밤 군중이 정치깡패 임화수가 운영하던 평
화극장을 무너뜨리는 순간을 그리며 혁명의 진면모를 날카
롭게 환기시킨다. 작가는 극장을 때려 부수는 군중을 그리면

서 혁명을 숭고와 장엄의 후광이 비치는 초월적 비약이 아니라, 사소함과 비루함 그리고 광기를 포함한 무질서한 파괴로 포착한다. 극장에 모인 군중은 무질서의 해방 상태에서 원시적이고 본능적인 짐승처럼 소리 지르며 집기를 부수는 광기를 보여주었으며, 혼란의 와중에 매점에서 빵과 과자, 캐러멜 등속을 훔쳐가는 사람들도 있었다.

혁명은 '빵과 자유'에 대한 갈구를 기본으로 한다. 군중의 평화극장 파괴가 '자유'를 참칭한 자유당 정권에 대한 항거였다면, 매점에서 먹을 것을 들고 나온 이들은 단순한 좀도둑이 아니라 혁명의 또 하나의 원인인 '빵'에 대한 요구를 실행한 셈이다. 그렇지만 혁명의 주체였던 거리의 군중은 '부랑아'라는 명명과 더불어 대학생-지식인 중심의 '거룩한' 자유민주주의 혁명의 서사에서 축출되었다. 쫓겨난 것은 이들 하층민-부랑아뿐만은 아니었다. 4·19는 흔히 '학생혁명'으로 일컬어지거니와, 이때의 학생은 대학생만을 뜻하지는 않는다. 많은 기록이 4·19에서 중고등학생들의 주도적 역할과 희생을 전하고 있다. 4·19의 상징이 된 김주열은 마산상고에 갓 입학한 신입생이었으며, '민주주의를 위해 피를 흘리겠다'는 유서를 남기고 총탄에 맞아 죽은 진영숙은 한성여중

4·19는 흔히 학생혁명으로
일컬어지지만 이때의 학생은
대학생만을 뜻하지는 않는다.
실제로 4·19에는 중고등학생,
심지어 초등학생들까지도
주도적으로 참여했다.

2학년생이었다.

중고생들이 민주주의를 위해 희생할 수 있었던 데는 아이러니컬하게도 관제 궐기대회에 동원되었던 경험이 작용했다. 이승만 정권은 학생들을 동원하고 규율하기 위해 각급학교에 학도호국단을 만들었다. 1950년대 중고생들은 권력의 규율체계인 학도호국단을 자치조직으로 활용하여 부패한 사학재단에 대한 스트라이크를 벌이기도 했다.[46] 이를 통해 학생들은 민주주의를 학습했다. 이러한 경험은 1960년 3·15 부정선거에 대한 고등학생 연합시위의 훌륭한 토대가 되었다.

한국 근현대사에서 청년-학생들의 의기는 우리 역사의 수레바퀴를 움직이는 큰 에너지였다. 식민지 시기의 광주학생운동, 1960년의 4·19와 1980년의 광주항쟁, 그리고 1987년의 민주화운동과 최근의 촛불항쟁에 이르기까지 학생들은 중요한 순간에 우리 사회를 변화시키는 정치적 주체로 등장했다. 이렇듯 한국 근현대사의 물줄기를 바꿔온 청년-학생들이 아직 미숙하다는 이유로 투표권을 19세로 제한받는 것은 참으로 가소로운 일이 아닐 수 없다.

    4 · 19를 이야기할 때 종합교양지《사상계》를 언급하는 것은 식상하지만 불가피한 일이기도 하다. 4 · 19세대를 자임하는 비평가 김병익은 "1950년대 중반의 혼란과 궁핍에서 성장한 4 · 19세대가《사상계》로부터 위안을 받았고 자기를 개발할 수 있었던 바탕"[47]이었다고 술회한다. 그에 따르면, "4 · 19가 가능하게 된 기초는《사상계》에서 시작"[48]되었다.

  《사상계》는 한국 지성사와 언론사에서 가장 중요한 잡지의 하나다. 식민지 시기의《개벽》과 이후의《창작과비평》으로 이어지는 지식인 잡지 계보의 중추이기도 하다. 1953년 4월 1일에 창간되어, 1970년 5월호에 실린 김지하의 시〈오적〉때문에 당국으로부터 폐간 처분을 받기까지 통권 205호를 발행했다. '《사상계》를 끼고 다니지 않으면 대학생이 아니다'라는 말이 있을 만큼 4 · 19 전후의 대학생들은 물론, 고등학생부터 대학교수에 이르는 광범위한 독자층에 압도적인 영향을 끼쳤다.

  그 영향력은 발간부수를 통해서도 실증된다.《사상계》

는 창간 때부터 1955년도까지는 발행부수가 대략 3천 부 선에서 머물러 있다가 1955년 12월호는 1만 부를 돌파하고, 1956년에는 3만 부, 4·19 직전인 1960년 4월호는 9만 7천 부를 찍었다. 이는 그때까지 한국의 잡지 역사상 최고 발행부수를 자랑한다. 이러한 판매부수의 증가와 비례하여 지면도 꾸준히 늘었다. 12월호를 기준으로 지면의 증감을 살펴보면, 1954년 178면, 1955년 308면, 1956년 374면, 1957년 366면, 1958년 444면, 1959년 412면, 1960년 428면으로 늘어났으며, 이후 전성기에는 지면이 500면에 육박했다.

《사상계》의 목소리는 '기독교 민족주의', '서구 지향적 자유주의', '반공주의'라는 틀 안에서 공명하고 있다.《사상계》에 민족주의적 목소리가 더해진 데는 함석헌의 영향이 컸다. 《사상계》의 첫 필화 사건의 주인공인 그는 1958년 8월호에 〈생각하는 백성이라야 산다―6·25 싸움이 주는 역사적 교훈〉을 게재한다. 10면에 걸친 이 글의 2절에서 함석헌은 "남한은 북한을 소련·중공의 꼭두각시라 하고 북한은 남한을 미국의 꼭두각시라 하니, 있는 것은 꼭두각시뿐이지 나라가 아니다. 우리는 나라 없는 백성이다. 6·25는 꼭두각시의 놀음이었다. 민중의 시대에 민중이 살았어야 할 터인데 민중이

죽었으니 남의 꼭두각시밖에 될 것이 없지 않은가?"[49]라고 통렬한 일침을 가한다. 당국은 대한민국을 '북괴'와 나란히 동일시하며 '꼭두각시'로 표현한 것이 국체의 부정이라며 국가보안법 위반 혐의로 그를 20일간 구속했다. 여기에는 이승만이 6·25 때 도망친 것을 임진왜란 때 선조가 백성을 버리고 간 것에

《사상계》 창간호
(1953년 4월).

비유한 데 대한 괘씸죄도 작용하였을 것이다.

이후 1959년 2월호에는 〈무엇을 말하랴―민권을 짓밟는 횡포를 보고〉라는 표제만을 내건 백지 권두언을 통해 이승만 정권의 폭정을 비판했고, 3·15 부정선거 직후에는 장준하의 권두언 〈자유의 나무는 피를 마시고 자란다〉를 통해 4·19를 예비하고 있다. 《사상계》는 자유당 정권의 부패를 일소하고 경제적 근대화를 향상시키는 것만이 공산화를 방지하는 길이라는, 반공주의와 결합된 근대화론을 설파하였다.

'자유'의 승리로 의미화된 4·19는 이후 정치적·사회적 혼돈 속에서 '빵 없는 자유'로 탄식되었다. 곧이어 5·16 쿠데타가 발생했다. 5·16을 기획하고 이른바 '혁명 공약'의 초안을 작성한 김종필도《사상계》의 독자였다. 그는 한 회고에서 "4·19의 역사성을 철학화해서 근대화 전기를 마련"[50]하기 위해서 5·16을 결행했다고 술회했다.

군인들은 빵에 대한 대중의 요구를 민감하게 포착하고 《사상계》의 근대화론과 결합시켜 그것을 정치적 수사로 전유함으로써 성공할 수 있었다. 박정희는 '빵과 자유'를 대립시키며 '빵'의 선결적 해결을 제시한 '조국 근대화' 구호를 통해 4·19의 성과를 횡령했다. 한국 현대사 이해에서 산업화를 중시하는 관점과 민주화를 중시하는 관점이 첨예하게 대립하곤 하는데, 이것은 4·19와 5·16을 둘러싼 '빵과 자유' 담론 프레임의 연장이라고 말할 수 있을 것이다.

• 김종필은 5·16을 4·19와 연결 짓는 인식을 이른 시기부터 자주 언급했다. 1970년 그가 썼다는, 4·19 혁명 10주년을 기념하여 쓴 시를 증언록에 남겨두고 있다. "역류에 숨 막히고 / 분노가 꽃피던 날 / 해일 같이 넘쳐 온 함성들이 / 선짓빛 산화(散華)로 흩날려 / 조국의 사월 청정한 넋돌 되어 솟아난다(…)."(김종필,《김종필 증언록》, 와이즈베리, 2016, 34쪽) 또한 5·16 직전에 자신이 주도했던 '정군운동'의 연판장이 "우리 군은 4·19 정신으로 재정비되어야 한다"고 시작되었다고 회고하고 있다.(김종필, 위의 책, 36쪽)

4·19가 만든 책,《광장》과《흑막》

　　2018년 7월 타계한 최인훈의《광장》은 4·19의 상
징이 된 책이다. 초판 서문에서 작가는 "아시아적 전제의 의
자를 타고 앉아서 민중에겐 서구적 자유의 풍문만 들려줄 뿐
그 자유를 '사는 것'을 허락지 않았던 구정권하에서라면 이
런 소재가 아무리 구미에 당기더라도 감히 다루지 못하리라
는 걸 생각하면서 빛나는 4월이 가져온 새 공화국에 사는 작
가의 보람을 느낍니다"[51]라고 감격하고 있다. 함석헌이 남북
한을 동일하게 '꼭두각시'로 명명하는 상호 인식을 언급한
까닭에 국가보안법으로 구속된 것을 생각하면, 남북한 모두
를 거부하고 중립국 인도를 선택하는 전쟁포로 이명준의 사
유와 행로를 다루는 이 소설의 서사
는 '구정권' 아래서는 불가능한 것이
었다. 또한 냉전 이데올로기가 강화
된 박정희 시대에도 용납되기 어려
웠다. 이 소설이 보여주는 탈냉전적
시각은 4·19의 자유로운 사상적 지
평에서만 가능할 수 있었다. 이런 시

《광장》초판(정향사, 1961).

각이 《광장》을 1980년대까지 대학생의 '필독서'로 자리 잡게 했다.

한편 4·19 직후 잠시 동안 베스트셀러의 지위를 누리고 금세 잊힌 책도 있다. 《흑막—압정 12년에 짓밟힌 민주 역사》가 그러했다. 이 책은 신태양사가 간행해오던 잡지 《실화(實話)》의 임시 증간호로, 단행본과 잡지의 중간 형태인 일종의 무크지다. 엮은이는 다시는 어리석은 백성이 되지 않기 위하여 "폭정 12년에 우리 주변에는 어떠한 흑막이 햇빛을 가리웠고 그 많은 사건의 내막은 어떠했던가를 알아야 하겠다"[52]고 책의 출판 이유를 밝힌다. 이 책은 이승만 정권 12년 동안 말할 수 없었던 중요 사건에 대하여 제1부 '흑막', 제2부 '내막' 편으로 나누어 다루고, '해방 16년 주요 사건 일지'를 특별부록으로 첨부했다. 일간지 기자를 동원하여 한 명에 한 사건을 맡겨 총 56개의 사건 기사를 정리했다. 사건의 경중과 무관하게 한 사건당 4면씩 동일한 지면을 배당하여 총 270면짜리 책으로 꾸렸다.

《흑막》은 〈한현우와 송진우 씨 암살 사건〉 〈한지근과 여운형 씨 암살 사건〉 〈안두희와 김구 씨 암살 사건〉 등 이승만 혹은 극우 세력이 개입된 것으로 알려진 해방기 이래의 정치테러로부터 시작하여 〈신성모와 거창양민학살 사건〉〈김윤근과 국민방위군 사건〉〈조봉암과 진보당 사건〉〈최순주와 사사오입 개헌 파동〉 등 이승만 정권기의 굵직한 국가범죄 사건의 흑막과 내막을 폭로하는 기사를 순차적으로 게재하고, 마지막 56번째 기사 〈이승만과 이화장 새벽의 탈출〉로 끝맺고 있다. 4·19 직후의 열기에 힘입어 책은 폭발적인 인기를 누렸다. 1960년 6월 15일 초판이 나온 지 불과 5일 뒤에 재판을 찍었으며, 2개월 만에 10만 부를 돌파했다. 하지만 간행 두 달이 지나자 찾는 이가 줄어들었다. 정국이 혼란스러워지면서 지난날 자유당 정권의 비행보다도 당면한 정국의 추이를 쫓기에 바빴기 때문이다. 한국사회는 서서히 5·16을 향하고 있었던 것이다. 정

1960년 4월 18일 고려대생 시위 성명서의 첫 번째 구호는 '기성세대는 각성하라'였다. 이러한 4·19 혁명 주체들의 기성세대에 대한 비판을 이해하는 데 조흔파의 소설《얄개전》은 좋은 참조가 된다.《얄개전》은 1954년 5월부터 1955년 3월까지《학원》지에 연재되었다. 주인공 얄개(나두수)가 일상에서 벌이는 여러 장난을 중심으로 이야기가 진행된다. 중학생 나두수는 기성 권위를 조롱하고 적극적으로 규범을 위반한다. 나두수를 못마땅해 하는 수학 선생의 기질을 논평하며 서술자는 "수학에 취미가 있을 뿐 아니라, 여당에 속하는 배 선생의 비위에는 잘 맞을 턱이 없다"[53]고 적고 있다. 이때의 여당은 당파일 뿐만 아니라 권위적이고 규범적인 성향을 의미한다. 이에 반해 나두수의 성향은 "우리 사회에 도장 찍는 데가 많고 각종의 증명서가 범람하는 것은 정부가 국민을 믿지 못하는 때문"[54]이라는 웅변대회의 연설을 통해서 정부와 사회를 비판하는 '야당적' 기질로 암시된다. 나두수와 친구 용호는 소란을 벌일 때마다 '화랑 정신을 발휘하여 돌진하자' 등의 구호를 외치며 관변적 수사를 조롱하고 비틀고 있다.

나두수가 다니는 중학교가 미션스쿨이라는 점도 흥미롭다. 특히

#ep.04

기성세대는 각성하라, 《얄개전》의 조롱과 웃음

허드슨 교장에 대한 시선은 미묘하다. 그는
"민주주의가 아닐뿐더러 하나님 도리에
맞지 않기"[55] 때문에 학생 구타를 허락하지
않을 만큼 선량한 미국인이다. 그렇지만
나두수는 허드슨 박사의 선의에 장난으로
응수한다. 허드슨 박사에 대한 시선과 그가
정한 규범에 대한 익살스런 위반은 당대
한국사회가 미국을 대하는 태도의 알레고리처럼 읽힌다. 작품에서
허드슨 교장 부부에 대한 기본적인 정서는 깊은 감사의 태도이지만,
그 한구석에는 그들의 영향에서 벗어나고 싶은 마음이 엿보인다.
이러한 면에서 《알개전》은 미국적 가치와 규범을 일방적으로
받아들일 수만은 없었던 1950년대 한국인들의 불편한 인식의
일단을 포함하고 있다.

《학원》은 청소년들에게 강한 영향을 끼친 학생잡지였다.
1950년대의 젊은 세대는 중고등학생 때는 《학원》을 읽다가 청년이
되어서 《사상계》로 옮아갔다. 그러니까 4 · 19 당시의 학생들은
《학원》 혹은 《사상계》의 독자였던 셈이다. 《학원》에 실린 《알개전》을
읽고 성장한 세대는 정권은 물론이거니와 기성세대 전반에 대한
부정과 함께 새로운 세대의 가치를 고민했다. 도둑을 잡다가 다쳐
병원에 입원한 나두수가 "값있게 살아보자"고 결심하고 세상에 진
빚을 갚는 의미 있는 생을 다짐하며 급격한 성장을 이루면서 소설은
끝을 맺는다. 이러한 나두수에 공감하며 자란 1950년대의 알개
세대들이 값있는 피를 흘리며 4 · 19의 불씨가 된 것이다.

개발독재와 민족주의
시대의 책과 독서:
1960년대 ①

《상록수》의 부활과 개발주의 영웅서사의 탄생 _____

　　박정희'를' 만든 책과 박정희'가' 만든 책은 무엇이
었나? 나폴레옹 전기는 박정희에게 가장 큰 영향을 끼친 책
으로 알려졌다. 소년 박정희는 나폴레옹 전기를 읽고 권력,
군대, 정복, 지배, 남자다움을 동경하게 된다. 대구사범 동창
들은 나폴레옹 전기 외에도 히틀러의 《나의 투쟁》과 《플루타
르크 영웅전》 등을 읽던 그를 기억한다.※ 박정희는 남성 영

　※ 조갑제는 "박정희는 여러 사람들이 쓴 나폴레옹 전기를 죄다 읽으
　려고 했다. 《삼국지》에 빠진 소년들이 처음에는 되풀이하여 읽다가 나
　중에는 저자를 바꾸어가면서 읽는 것과 같은 열광 상태가 박정희에게
　는 상당 기간 계속되었다"고 전한다. 조갑제에 따르면, 박정희와 나폴
　레옹의 공통점은 어린 시절의 병정놀이, 작은 키(박정희 165cm, 나폴레
　옹 167cm), 사관학교 교육, 포병 출신, 이혼 경력, 쿠데타로 집권, 비극

웅서사의 마니아였던 셈이다. 냉혹한 그의 통치술과 입만 열면 외치던 '민족 중흥'은 성장기에 읽은 책들과 관련될지도 모른다.

박정희는 《우리 민족의 나갈 길》(1962)에서 5·16이 쿠데타가 아니라 '동학―3·1 운동―4·19 혁명'으로 이어지는 민족사적 소명을 계승한다고 주장했다. 더 나아가 《국가와 혁명과 나》(1963)에서는 "땀을 흘려라! 돌아가는 기계 소리를 노래로 듣고 (…) 이등 객차에서 불란서 시집을 읽는 소녀야 나는, 네 손이 밉더라"[56]라고 개발의 찬가를 읊었다. 애꿎은 소녀에게 시비를 걸며 박정희는 자신을, 소외된 민중을 위한 개발의 사도로 자처했다.

그렇다면 이 같은 박정희식 개발주의의 이론적 배경은 무엇이었을까? 매사추세츠공과대학(MIT)의 경제학 교수 월트 로스토는 종속적 개발을 통한 저개발국가의 경제 도약이 공산화를 저지한다고 주장했다. 그의 이론은 《사상계》에 소개되었고, 《반공산당선언―경제성장의 제단계》(1960)로 출간

적 죽음 등 10여 가지나 된다.(조갑제, 《내 무덤에 침을 뱉어라 1: 초인의 노래》, 조선일보사, 1998, 372-375쪽)

되어 많은 지식인의 관심을 끌었다. 그러나 지식인들의 기대와 달리 로스토는 근대화를 위한 정치적 지도력의 원천으로 군부를 지목한다. 박정희 정권은 로스토의 이론을 복음처럼 여기며 충실하게 실천했다. 종속적 개발주의는 한국에서는 민족주의와 민중주의의 옷을 걸쳐야 했다.[57]

심훈의 《상록수》(1935) 독서사는 개발주의가 민족·민중주의의 옷으로 갈아입는 과정을 잘 보여준다. 이 작품은 3·1 운동 때 옥고를 치른 심훈의 이력 때문에 흔히 반일 민족주의 소설로 평가된다. 하지만 심훈은 그 자신이 카프(KAPF)로 이어지는 문학단체 염군사(焰群社)의 일원이었으며, "음습한 비바람이 스며드는 상해의 깊은 밤 어느 지하실에서 함께 주먹을 부르쥐던"[58] 친우 박헌영을 회고할 만큼 진보적이고 사상의 교류 폭이 넓은 작가였다. 실제 《상록수》는 기독교 계열의 농촌운동은 물론 반자본주의적이고 아나키즘적인 이상공동체로서의 '자치촌'에 대한 지향이 공존하는 소설이었다.[59]

《상록수》는 신상옥 감독이 영화화하면서 1960년대식 개발주의 영웅서사로 재탄생했다. 영화 〈상록수〉(1961)는 민족을 누대의 가난으로부터 구하겠다는 기치를 앞세우고 등장한 청년 영웅 채영신의 열정을 부각시킨다. 박정희는 이 작품을

1930년대에서 1980년대에 걸친
《상록수》의 독서사는 개발주의가
민족·민중주의의 옷으로 갈아입는
과정을 잘 보여준다.
《상록수》는 1961년 신상옥 감독이
영화화하면서 1960년대식 개발주의
영웅서사로 재탄생했다. 사진은 영화
〈상록수〉(1961) 포스터.

보고 눈물을 흘렸다고 한다.[60] 박정희의 눈물은 채영신에게서 자신의 소명을 발견한 감동의 눈물이자, '이등 객차에서 불란서 시집을 읽는 소녀'에 대한 미움으로 이어질 눈물이었다.

박정희가 재건국민운동본부 본부장에 서울대 농대 교수 류달영을 임명한 것은 의미심장하다. 무교회주의자 김교신의 제자인 류달영은 그 자신 농민운동에 참여했고,《상록수》의 실제 모델 최용신의 전기인《최용신 소전》(1939)을 집필한 인물이다. 류달영은 최용신(혹은 채영신)의 정신을 재건국민운동의 이념으로 연결 지었다. 그는 덴마크의 협동조합운동을 모델로 한 민간 주도 지향의 재건운동을 모색했지만, 관 주도의 재건운동을 모색한 또 다른 운동의 주체들에게 패배하고 말았다.[61]

그렇다고《상록수》가 정권의 '개발' 이데올로기만을 전파한 것은 아니다. 정치인 이재오는 중학생 시절《상록수》를 읽고 농민운동을 꿈꾸게 되었다고 술회한다.[*] 1960년대 농촌

---

[*] 이재오는 중학교 시절 담임 선생님으로부터 건네받은《상록수》의 겉장이 너덜너덜해질 때까지 읽으며, 주인공 박동혁과 같은 사람이 되고 싶었다고 술회하고 있다. 재야 운동가에서 보수 정치인으로 변신한 그가 최근 창당했던 정당은 '늘푸른한국당', 달리 말하면 '상록수당'이

5·16 쿠데타 직후 1961년 6월부터
1964년 8월까지 관 주도로 펼쳐진
재건국민운동.

운동의 활성화에는 《상록수》 주인공들의 영향이 컸다. 신상옥 감독은 북한에서도 김정일이 영화 〈상록수〉를 당 간부 교육용으로 관람시켰다고 전한다.[62] 이처럼 심훈의 《상록수》는 식민지와 남북한에서 국가주의적 '개발'의 교본이자, 선각자에 의한 민간 농촌운동의 독본이라는 양가적인 기능을 했다.

1960년대 중후반의 역사소설과 일본 소설 붐

굴욕적인 한·일 수교 회담에 대한 비판 여론을 배경으로 반일 역사소설 붐이 일어났다. 그러나 1965년 한·일 국교 정상화 직후에는 일본 소설 붐도 동시에 존재했다. 당시 일본인 동일 저자의 작품을 서너 개 사에서 연이어 출판하는 일이 성행하고, 심지어는 다른 출판사에서 발행한 작품을 그대로 오프셋 인쇄한 복사판까지 있을 정도로 번역 열풍이 일었다. 1960년대에 가장 많이 번역된 작가와 작품은

었다.(이재오, 〈이재오의 내 인생의 책(5) 상록수 — 내 전부를 던지는 법을 배우다〉, 《경향신문》, 2015. 7. 24)

가와바타 야스나리의 《설국》이었으며, 미우라 아야코의 《빙점》 등의 일본 대중문학도 붐을 이루었다.[63] 일본에 대한 반감(두려움)과 더불어 일본 문화에 대한 향수가 공존하는 일종의 분열증적 상태라 할 만하다. 민족주의 소설을 표방한 류주현의 대하소설 《조선총독부》(1967)에도 이러한 분열증의 흔적이 엿보인다.

《조선총독부》는 식민지 시대 창간된 잡지 《신동아》의 복간호인 1964년 9월호부터 '간판' 작품으로 연재되기 시작했다. 1900년부터 1945년까지 한반도와 일본, 만주, 중국, 동남아를 망라한 지역을 배경으로 총 1,700여 명의 등장인물과 100여 명의 중요 인물의 동선을 통해 '조선총독부'라는 거대한 주체를 다루고 있는 대작이다. 류주현은 처음에는 다큐멘터리 형식의 소설을 구상하며 "일제를 체험한 세대들의 향수 같은 것에 호소하려 했었다"[64]고 고백한다. 그러다가 젊은 세대의 반응이 뜨거워지면서 박충권과 윤정덕이라는 가상의 연인이 벌이는 독립운동의 서사를 가미했다. 출판 직후 5만 질이 팔려 나갈 정도로 인기였다. 연재 당시에 잡지가 발매되면 일본 외무성이 일본어로 번역해 유력인사들에게 배포할 정도로 주목의 대상이 되었다고 한다.[65] 1968년에는 삼성출판사와 일본의 고단샤(講談社) 제휴로 완역되어 일본의 일반 독자들도 읽게 된다. 어쩌면 일본의 (유력)독자들은 조선총독부 관련 사건들을 따라 읽으며 잃어버린 식민지 시절의 향수를 달랬을 것이다.

1967년 7월의 국내 소설 분야 베스트셀러는 1위 《이광수 전집》, 2위 박종화의 《임진왜란》, 3위 김성한의 《이성계》가 차지할 정도로 역사소설이 중심이었다. 삼중당이 간행한 《이광수 전집》이 베스트셀러에 이름을 올린 것은 특히 주목할 만하다. 1964년의 한 신문 광고는 "입학, 진학, 졸업하는 자녀에게 다시없는 선물!"[66]이라며, 《이광수 전집》 중에서도 《원효대사》와 《이순신》 등을 집중 홍보했다. 대표적인 친일 지식인 이광수는 《이순신》을 매개로 하여, 납북된 공산주의의 피해자이자 민족주의자로 복권된다.

이순신이 구한 것은 이광수만은 아니었다. 이순신에 대한 박정희의 관심과 애정은 각별한 것이어서 1966년에는 '현충사 성역화' 작업을 시작하고, 1968년에는 광화문에 장검을 찬 이순신 동상을 건립한다. 박정희는 한·일 수교에 대한 비판 여론을 의식해, 관제 민족주의를 표방하며 멸사봉공의 아이콘 이순신 장군을 자신의 이미지와 연결시키려 했다. 이순신은 박정희의 친일 행적과 독재정권의 매판성을 씻어주는 표백제였다.

민족본질론과 내재적 발전론 _____

1960년대의 대표적 베스트셀러인 이어령의 《흙 속에 저 바람 속에》(1962)는 '풍토론'을 통해서 한국문화의 고유성을 밝히려는 민족본질론의 사고를 보여준다. 그는 서로 다른 시대와 계급, 세대와 지역, 성차를 초월한 초역사적인 '한국(문화)'을 구성한다. 이 책의 서문에서 이어령은 시골 신작로에서 마주친 한 노인을 묘사한다. 가난하고 비참한 "쫓기는 자의 뒷모습"[67]을 보이는 노인은 민족의 대표 단수로 호명된다. 여기서 작가가 미군 지프차에 올라탄 채 이 노인을 발견하는 것은 상징적이다. 한국인과 한국문화의 고유한 본질을 이야기하지만 타자의 위치에서 바라보고 비교한다는 점에서 그의 인식은 오리엔탈리즘의 혐의가 짙다.[68]

민족을 바라보는 이어령의 관점은 박정희의 시각과 그리 먼 거리에 있지 않다. 박정희는 《우리 민족의 나갈 길》에서,

개조되어야 할 한국인의 민족적 병리를 강조하고 다시 그것을 한국인이 겪어온 수난의 역정과 겹쳐놓는다. 박정희는 비참하고 게으른 민족성을 바꾸어 근면한 생활인으로 갱생시키고, 이를 사회개혁으로 모아내어 '굶주리는 사람이 없는 나라'를 만들려 한다고 쿠데타를 정당화했다. 박정희가 강조하는 민족성론과 개조론은 일본의 식민사관이 만든 타율성론 위에 개발주의를 덧씌워놓은 것이다.

한국사회에서 대중적으로 만연했던 민족성에 대한 비하가 극복된 것은 언제부터일까? 1960년대 후반 한국의 지식계는 식민사관의 정체성론/타율성론을 극복할 수 있는 강력한 방법론을 개발한다. 김용섭은 《조선 후기 농업사 연구》(1970)로 묶이게 되는 일련의 논문들에서 조선 후기에 있었던 자생적 근대화의 가능성을 제기했다. 근대주의와 민족주의를 결합한 이러한 역사학의 성과는 실학 연구 붐과 국문학계의 사설시조, 판소리계 소설, 탈춤 등 서민문화에 대한 재발견으로 이어졌다. 정약용을 근대의 탐정처럼 다루고, 정조를 서구의 계몽군주처럼 묘사하는 2000년대 이후의 대중서사물들은 내재적 발전론이 마련한 이러한 조선 후기의 역사상에서 비롯한 것이라고 할 수 있다.

《선데이서울》과 《창작과비평》

　　1960년대 대중 독서문화와 미디어의 중요한 변화로 주간지의 성황을 꼽을 수 있다. 《주간한국》(1964)의 대성공은 주간지 시대를 열어젖혔다. 일간지 최고 부수가 20만 부에도 못 미칠 당시 《주간한국》은 43만 5천 부까지 발행되었다. 이러한 성공에 자극받아 1968년 한 해에만 《주간중앙》 《선데이서울》 《주간조선》 《주간경향》 등이 잇달아 창간되었다. 대중이 많이 읽었던 《선데이서울》류의 주간지들은 '성(性)'과 '부(富)'에 대한 당대의 터질 듯한 욕망을 생생하게 드러냈다. 저급성이 비판되지만, 이들 주간지는 그 비판자들의 내면에도 존재하는 비루함과 속된 욕망을 드러낸다는 점에서 오히려 시대의 솔직한 자화상이라고도 볼 수 있다.

　　종합교양지 독서문화에도 변화가 있었다. 박정희 정권에 대한 신랄한 비판자 《사상계》는 중앙정보부의 탄압으로 심각한 경영난에 허덕였다. 고전하는 《사상계》를 이어 한국 지성계에 심대한 영향을 끼친 《창작과비평》이 1966년 1월 15일에 창간된 사실은 특히 기억해둘 만하다. 통념과 달리 《창작과비평》은 창간 초에는 민중적·민족적 성격이 강하지 않았다. 서구 지향적 면모도 다소 보이던 이 잡지는 이후 비평가 염무웅의 활약과 시인 신경림, 경제학자 박현채 등이 참여하면서 권력과 자본에 대항하는 민중적·민족적 색깔을 갖게 된다.

창간 50년을 넘긴《창작과비평》의 오늘은 어떠할까? 2015년 한국 문단은 당대 최고의 작가로 상찬되는 신경숙의 소설 〈전설〉이 미시마 유키오의 〈우국〉을 표절했다는 논란으로 몸살을 앓았다. 신경숙의 소설을 출간한 '창비'는 명백한 표절을 옹호하다가 문학권력과 상업출판의 대명사로 지탄받게 되었다. 권력과 자본에 대항하는 대안 잡지에서 문학권력과 상업출판의 대표로 지목된 창비의 오늘은 문자 그대로 격세지감을 자아낸다. 정

1960년대에는《주간한국》《주간중앙》《선데이서울》등이 잇달아 창간되면서 주간지의 시대를 열어젖혔다. 그리고 다른 한편《사상계》의 뒤를 이어 한국 지성계에 심대한 영향을 끼친《창작과비평》이 창간되었다. 《선데이서울》 창간호(1968. 9. 22)와 《창작과비평》 창간호(1966. 1. 15).

한국에서 반일 민족주의는 극단적인 행태를 보여도 대중의 지지를 얻곤 한다. 2012년 8월 뜬금없이 독도를 방문한 이명박 전 대통령처럼, 정권은 반일 정서를 국내 정치에 적극적으로 활용하기도 한다. 박정희 정권도 한·일 국교 정상화를 추진하면서도 일본 대중문화를 금지시키는 자기분열적 정책을 펼쳤는데, 이미자의 노래 〈동백아가씨〉를 왜색 혐의로 검열하는 등 정권 차원에서 관제 반일 민족주의를 강화했다.

하지만 민족주의의 방향이 미국과 북한을 향할 때 사정은 달라진다. 이승만·박정희 정권은 반미와 북한과의 관계 개선을 모색하는 민족주의는 용공으로 탄압했다. 조봉암과 《민족일보》 사장 조용수의 처형, 동백림 간첩단 사건 등에서 한국의 민중이 배운 것은, 냉전의 경계를 넘어서는 민족주의적 의식과 실천은 곧바로 고문과 죽음으로 이어진다는 사실이었다.

남정현의 〈분지〉 필화 사건은 1960년대에 반미와 용공이 결합하여 '빨갱이' 낙인이 찍히는 과정을 잘 보여준다. 〈분지〉는 《현대문학》 1965년 3월호에 실린 일종의 풍자소설이다. 작가는 홍길동의 10대손으로 설정된 주인공 홍만수가 양공주인 누이동생 분이를

〈분지〉
　　필화 사건과
〈임을 위한 행진곡〉

학대하는 미군의 본처를 유인하여 그녀의 알몸을 보려다가 강간범으로 몰려 죽음을 기다리는 과정을 1인칭 독백체로 풀어내고 있다.

미군과 양공주, 군수물자의 밀매 등 소설은 전쟁 이후 한국사회의 매판성과 부정부패에 대한 비판을 포함하고 있다. 처음 발표되었을 때 작품의 풍자와 반미적인 필치는 아무런 문제가 되지 않았다. 하지만 2개월 뒤 북한의 《통일전선》 5월 8일자에 소설이 전재되면서 문제가 불거졌다. 남정현은 곧바로 중앙정보부에 끌려갔고, 소설이 이북의 누군가가 써서 건네준 것임을 실토하라며 혹독한 고문을 당한다. 〈분지〉 필화 사건은 '반미=용공'이 되고, 북한에서 언급하기만 해도 곧바로 이적의 표식이 되는 사태를 보여준다. 그런데 비단 이것이 박정희 시대에만 있었던 '옛일'에 불과할까? 촛불항쟁을 지난 오늘에는 먼 옛일처럼 느껴지지만, 불과 얼마 전까지만 해도 민주화운동을 상징하는 〈임을 위한 행진곡〉이 북한 영화에서 사용되었다는 이유로 5·18 기념식에서 제창이 불허되는 서글픈 해프닝을 겪었다. 조금만 방심하면 웅크리고 있던 저 '빨갱이'의 주술이 스멀스멀 다시 우리를 감쌀지도 모른다.

'먼 곳에의 그리움'과
모방 욕망:
1960년대 ②

검열 공화국에서 외국 책 읽기 _____

1964~1965년은 한·일 국교 정상화 문제로 정치적으로 무척 혼란스러운 시기였다. 박정희 정권이 졸속적인 한·일 회담을 추진하자 학생과 시민이 대규모 저항에 나섰다. 오늘날까지도 해결되지 않고 남아 있는 독도 문제나 '위안부' 문제 등 많은 역사적 분쟁의 여러 씨앗이 그대로 든 채 한·일 국교 정상화는 졸속으로 성사되었다. 박정희 정권은 '매판'이라는 비판을 면할 수 없었다.

그러나 경제 영역에서는 좀 달랐다. 1960년대 중반부터 한·일 국교 정상화와 베트남전 파병에 결부된 경제개발 정책이 효력을 나타내기 시작했다. 그 파급 효과는 출판계에도 닥쳤다. 《출판연감》 1966년판은 "1965년은 한국 출판사상 최고"였다고 평가한다. 한 해 발간된 책의 종수로 보면 그해의 실적은 해방기보다 9배, 그리고 전년에 비해 무려 두 배로 신장했다. 《출판연감》의 편자는 "해방 후 20년 동안 갖은 고초를 겪으면서도 꾸준히 노력한 보람이 있어, 기획에서 장정 그리고 제책에 이르기까지 장족의 발전"[69]이 성취됐다고 환호했다.

거시적으로는 경제성장과 인구 팽창, 독자층의 성장이 모두 함께 가던, 한국 출판자본주의의 호시절이 본격화된 초입이었다. 《주간한국》《창작과비평》《선데이서울》같은 새로운 형태의 잡지가 성공하고, 삼성이 중앙일보사를 만들어 출판시장에 뛰어들었다.

그런데 성장하던 독자층의 요구는 단지 국산 출판물에만 한정된 것은 아니었다. 애초부터 한국 현대문학과 독서문화는 항상 태평양 연안이나 유라시아 대륙의 출판 강국에서 나온 책들을 번역하거나 번안하거나, 또는 때로 몰래 수입하거나 베끼거나 해서 이뤄져왔다. 외국 책에 대한 표절과 모방, 검열은 사실 현대 출판사(史)나 독서사에서는 일종의 상수 같은 것이었다.

1980년대 초에 서울 시내 미국문화원, 영국문화원, 일본문화원의 도서열람실은 《타임》《뉴스위크》《분게이슌주(文藝

春秋)》《주오고론(中央公論)》 같은 시사 잡지들을 보려는 대학생들로 붐볐다 한다. 이들 잡지는 국내 서점에도 나와 있었지만, 서점에서 팔리는 건 표지만 멀쩡할 뿐 검열 당국에 의해 몇 페이지씩 찢어져 없어지거나 군데군데 먹칠을 당해 있기 일쑤였다.[70] 대학생들은 국내 언론에서 '실종된' 한국의 진실을 찾기 위해 훼손되지 않은 잡지를 볼 수 있는 외국 문화원을 찾았던 것이다. 특히 그들이 보기 원했던 것은 광주항쟁의 진실이나 12·12 등에 관한 것이었다.

물론 그런 무작스런 칼질은 전두환 군부가 처음이 아니었다. 전두환 군부는 박정희 체제의 찌꺼기로서 유신체제의 언론·출판 정책을 흉내 냈을 따름이었다. 그리고 유신체제의 언론·출판 정책 또한 일제강점기 이래의 검열체제를 창조적(?)으로 모방·계승한 것이었다.

대한민국 사람들이 외국 책과 맺어온 '공식적', '법적' 관계는 간행물 일반에 관한 법률과 '외국 간행물 수입 배포에 관한 법률'에 의해 양쪽으로 규정되어왔다. 이 법들은 대한제국기의 신문지법·출판법과 해방기의 미군정령 88호를 '조상'으로 두고, 박정희 정권이 쿠데타 이후 새로 시행(1961.12.30)한 법을 모법으로 했다. 2002년에 폐지되기 전까지 두 법은

'국헌'과 '풍기'를 위협하는 수없이 많은 외국 서적과 잡지에 대한 방파제가 되어 '냉전의 문화 풍경'을 빚어냈다. 대부분의 대한민국 사람들은 거대한 '불온'사상과 섹스에 관한 표현의 자유의 물결이 마치 없는 척 청맹과니처럼 살았던 것이다.

전설의 전혜린

그처럼 냉전 시대 대한민국은 세계에서 가장 폐쇄적인 나라의 하나였기에, 오히려 '먼 곳에의 그리움'은 더 컸다. 이국에 대한 낭만적·문학적 동경을 상징하는 '먼 곳에의 그리움(Fernweh)'은 전혜린이 남긴 수필의 제목이다. 1965년 32살의 나이로 자살한 전혜린은 당시 한국의 평균에서 가장 멀리 벗어나 있는 삶을 산 예외적인 여성의 하나였다. 1934년생인 그녀는 일제에 의해 이식된 근대 문화와 식민지 최상층 엘리트가 가진 돈과 문화자본에 의해 길러졌다. 그녀의 예외성과 천재성의 사회적·가정적 토대는 친일 관료이자 수재로 유명했던 아버지 전봉덕에게 있었다.[71] 전혜린은 서울대 법학과를 다니고 독일 유학을 갔다 와서 전공을 문학으로 바

전설의 천재 작가 전혜린과 《그리고 아무 말도 하지 않았다》 초판.

꿨고, 죽음 당시엔 성균관대 교수로서 활발한 문필 활동을 하고 있었다.

그녀는 다른 '천재'들과 비슷하게 요절함으로써 '전설'이 되었고, 1980년대 이전까지 한국의 모든 문학소녀(가끔 문학청년도)의 우상이자 아이콘이었다. 물론 지금도 그녀의 독자들이 남아 있다. 전혜린은 《그리고 아무 말도 하지 않았다》 (1966) 《이 모든 괴로움을 또다시》(1968) 같은 전설적인 에세이만 남긴 게 아니라, 헤르만 헤세·루이제 린저 등 독일과 프랑스 문학의 번역·소개자로서 큰 영향을 끼쳤다. 그녀가 번역한 《데미안》과 《생의 한가운데》 등은 1960년대부터 1980년대까지 서구적인 교양과 실존 정신의 정화로서 광범위한 청소년과 독서 계층에 의해 읽혔다. 전혜린은 당시의 대한민국에선 불가능했던 개인주의나 여성주의적 해방의 어떤 아련한 표징이기도 했다. 즉 '읽고 쓰는' 지적 여성의 1960년대식 상징이었던 것이다.[72]

카뮈 팬 자살 사건

사실 불문학·독문학은 실존주의 철학과 함께 그 전부터 강렬한 영향을 미치고 있었다. '혁명'이 무르익던 1960년 여름, 서울 경기여고 2학년에 다니던 두 여고생의 동반 자살 사건이 세상에 충격을 주었다. 언론은 자살 동기를 엉뚱하게도 프랑스 문학가 알베르 카뮈에서 찾아냈다. 자살한 최정숙 양이 카뮈에 심취했던 감성이 풍부한 문학소녀였다는 것이다. 4·19 때는 부상당한 학생들이 누워 있던 서울대학병원에 2개월 동안 찾아다니며 하이네 시집을 읽어주기도 했다 한다.

똑똑하고 정열적인 소녀는 '그러나 집에만 오면 말을 잃은 채 카뮈의 《이방인》을 밤을 새워 읽으며 마음에 드는 구절은 몇 번이고 되뇌었고', 그녀의 유품 중 '사르트르의 책에 여기저기 줄이 그어져 있었다'. 하이네·사르트르·카뮈의 세계와 서울의 삶은 격차가 컸던 모양인지, 그녀는 '죽음의 행복', '죽음의 즐거움'이란 말을 입버릇처럼 달고 다녔다. 함께 죽음을 결행한 최미자 양 역시 '문학소녀'였다. 최양은 내성적이어서 친구들과 어울리기보다는 책 읽는 것을 좋아했고, 역시 외국 소설과 카뮈의 《이방인》에 심취했었다. 성적이 좋은 문학소녀였다는 점 외에 두 여고생은 두 집 살림을 하는 아버지 때문에 가정불화를 겪고 있다는 점에서도 같았다. 최정숙 양은 극약을 먹고 자살하기 전날, 일기는 모두 소각하고 다른 동급생에게 '죽으면 하얀 옷에 봉선화를 가슴에 꽂아다오'라는 말을 남겼다.

사건 이후 카뮈가 논란거리가 되었다. 《이방인》과 실존사상이란 것이 대체 뭐기에 어린 여학생들이 동반 자살을 기도하게 했는가? 그 정도로 위험한 것인가? 문교부 편수관 홍웅선은 여학생들이 카뮈 같은 책을 '올바르게' 이해했다면 자살에 이르지는 않았을 것이라 주장했다. 고등학교에서 책을 마구 사들이니까 '카뮈나 사르트르 같은 것이 섞이지 않 겠느냐, 교사들이 먼저 그런 책을 제대로 읽고 학생들의 독 서를 잘 지도해야 하지 않겠느냐'고 했다.[73] 당연히 이런 관 료적 발상에 대해 논란이 일었다. 당시 카뮈나 사르트르는 세계적으로 엄청난 영향력이 있는 작가들이었지만, 한국의 기성세대나 관료들에게 실존철학은 불온한 것으로 간주되 고 있었던 것이다.

'먼 곳'의 문학과 철학은 정신적 허기를 채우는 중요한 양 식이었는데, 문제는 한국의 문화와 삶이 지나치게 가난했다 는 점이겠다.

미국 그리고 일본으로부터

유럽의 영향에 비하면 미국과 일본은 훨씬 더 복 잡하고 덜 고상한 것이기도 했다. 이때에도 한국 출판인들은 미국과 일본의 베스트셀러 동향에 예민하게 반응하며 장사 가 될 만한 책을 수입하느라 바빴다.[74]

예컨대 1960년대 중후반에 미국에서 들어온 문학서로는

1960년대는 일본 문화와
문학이 본격적으로 수입된
시대이기도 했다. 특히
《일본전후문제작품집》에
실린 미시마 유키오(왼쪽),
다자이 오사무(오른쪽) 등의
소설은 한국의 본격문학
작가들에게도 영향을 미쳤다.

펄 벅의 《대지》, 샐린저의 《호밀밭의 파수꾼》 등의 소설과 이언 플레밍의 대중소설 '007 시리즈'가 중요했다. 특히 영화 '007 시리즈'가 전 세계적으로 히트를 치면서 열풍이 일자, 한국에서도 청소년과 남성을 중심으로 '007 소설'이 선풍적인 인기를 끌었다. 냉전 시절의 서방과 소련의 첩보전을 배경으로 한 이 소프트코어 포르노는 한창 때 한국의 지방 서점들까지 매점매석에 나서게끔 했다.

해방 후에도 일본 문화와 문학은 언제나 모든 교양 계층과 대중독자층에 영향을 미쳤다. 상당수의 한국 출판인과 작가 또한 일본산을 '참조'했다. 때로는 일본산 대형 베스트셀러가 독서시장을 뒤흔들어놓았고, 몇몇 일본 본격문학 작가들은 한국 작가들에게 결정적인 영향을 미치기도 했다. 일본의 문학·문화에 대한 중역과 은밀한 모방의 시대였다.

흥미로운 모순은, 1960년대가 4·19와 5·16이 촉발한 민족주의의 시대이면서 동시에 일본 문화 및 문학 수입의 시대였다는 점이다. 미시마 유키오, 다자이 오사무 등의 소설이 포함된 《일본전후문제작품집》 같은 책이 '본격문학' 작가들에게 영향을 미쳤고, 이시자카 요지로의 《가정교사》, 미우라 아야코의 《빙점》, 고미가와 준페이의 《인간의 조건》 등 일본 대중소설이 초대형 베스트셀러가 되었다. 이런 소설을 먼저 수입하느라 출판사들이 치열하게 경쟁했다. 마치 근래에도 무라카미 하루키와 몇몇 일본 작가를 한국 작가들이 모방하거나 출판사가 거액의 선인세를 주며 경쟁했듯 말이다.* 원조경제 시대를 졸업하려던 1960년대 한국의 문화적 신식민지성은 새로운 출판자본주의의 상황과 결합하고, 또 한편 엄청난 기세로 성장하던 일본 자본주의에 의지하게 되었던 것이다. 천

● 무라카미 하루키의 경우, 1990년대 초반 선인세가 수백만 원 수준이었으나 1990년대 후반에 수천만 원, 2000년대 들어 수억 원으로 뛰었다. 2017년 번역 출간된 《기사단장 죽이기》는 무려 20억 원 이상의 선인세가 지불된 것으로 알려졌다.

1960~80년대 도시 중산층 가정의 '책 읽는 아이'는 부모가
사서 쟁여둔 '전집' 덕분에 길러졌다. 웬만한 가정에는
세계문학·한국문학·아동문학 전집, 또 백과사전·가정백과사전
등이 한두 질은 갖춰져 있었다. 기업이나 기관의 사장님·대표님
집무실에도 양장본으로 된 전집이 진열돼 있었다. 양장본 전집은
장식품으로 아주 그럴듯했기 때문이다. 전집 장서 문화는 지적
허영이나 교양주의와 연관된 독서문화의 극명한 사례라 할 수밖에
없다. 그럼에도 그것은 새로운 독자층을 길러냈다.

전집류는 그 자체로 1960~80년대 독서·출판문화의 가장 중요한
산물이다. 헤아리기 힘들 정도로 많은 종류의 전집·총서류가
나왔다. 한문고전·세계고전, 철학·사상류 외에 "실무 전서" 같은
실용·자기계발서류도 있었다. 일단 뭐든 전집으로 묶어내는 것이
1950년대 말부터의 출판 관행이었던 것이다. 한 기사에 의하면,
1970년 현재 일반 단행본 부문의 약 70% 정도가 전집 또는 전집
형태로 발간되고 있다 했다.

그런 전집을 가정과 회사에 보급한 것은 외판원들이었다. 이들이
출판 마케팅의 중추를 담당했다. 출판사의 영업 자체가 서점이나

전집과
　외판원

통신판매보다 외판에 더 의존했던 것이다. 책 외판원도 다른 외판
일처럼 기본적으로 '험한 일'이었다. 길바닥에서 살다시피 해야
하는 데다, 늘 남에게 아쉬운 소리를 해야 먹고살 수 있는 직업이기
때문이다. 또 고정된 월급이 나오는 안정된 직장이 아니라 판매
실적에 따라 수입이 정해지는 직업이다. 적성이 맞지 않으면
실패하기 십상이다. 그래서 그 시대에도 책 외판원은 대개 뭔가 일이
잘 안 풀릴 때 갖는 직업으로 인식됐다. 물론 성공한 예외가 아주
없지는 않았다. 수입이 일반 회사원의 두세 배에 이르러 자가용을
몰거나, 고학력인 외판사원들도 있었다. 전설적인 출판인이자
잡지 《뿌리깊은 나무》의 편집인인 한창기는 외판원을 거쳐
한국브리태니커사의 사장이 됐는데 서울대 법대를 졸업했다.
외판원들이 주도하는 책 읽기의 풍경은 1990년대까지 이어진다.
1980~90년대에 대학을 다닌 사람들 중에는 《창작과비평》을
정기구독하거나 수십 권짜리 양장 영인본을 구입한 추억(?)을 가진
사람들이 적지 않을 것이다. 대학가에 상주하다시피한 외판사원의
'요새 창비가 어렵다, 대학생이라면 창비를 봐야 한다'는 권유
때문이었을 것이다. '창비'라는 두 글자가 1970~80년대식 저항과
진보 문학의 상징이었던 시절이다. 그 외판원 아저씨들이 과연
누구였는지, 그리고 어디로들 갔는지 궁금하다.

최인호·황석영과
전태일·난쏘공:
1970년대 ①

관변 독서운동 _____

1970년대의 독서시장도 인구 증가와 경제성장의 영향으로 빠른 성장의 과정에 있었다. 단기적인 부침은 교차하여 외판 중심의 유통체계가 한계에 봉착하고 출판사와 서점들이 망하는 일이 적지 않았다. 하지만 중장기적으론 계속 독자층이 두터워지고 규모도 훨씬 커지고 있어서, 베스트셀러 부수 기준 자체가 바뀌고 대형 서점도 등장했다. 1970년에 '전 국민의 잡지'를 표방하고 창간된 《샘터》라든가, 1975년에 첫 출시된 삼중당문고, 1976년에 나온 잡지 《뿌리깊은 나무》 등이 상징하듯 한국 출판은 더 대중화되고 더 세련돼지고 있었다. 새롭게 자라나 교육받은 독자층을 위해 책들은 한글을 더 많이 쓰고 가로쓰기도 대폭 늘렸다.

그런데 아무래도 박정희 대통령 '각하'가 우민화 정책을

'전 국민의 잡지'를
표방하고 창간된《샘터》
창간호(1970년 4월),
《뿌리깊은 나무》
창간호(1976년 3월).
1970년대에 출판은
더 대중화되고
더 세련돼지고 있었다.

폈다는 건 오해인 듯하다. 아무리 현대 독서사를 살펴봐도
우리가 책 안 읽는 국민이 될까 가장 노심초사하신 건 각하
뿐인 것 같아서다. 즉 박정희 정권의 한손은 구금과 고문, 납
치와 살해, 검열과 단속 등을 일삼느라 철권을 휘둘렀지만,
또 다른 한손은 마치 플라톤이 말한 철인통치(?)를 구현하려
는 듯 관변의 문예와 학문을 '진흥'시키고, 인문학과 독서를
온 국민에게 장려했던 것이었다. 오늘날까지 이어지는 '문예
진흥' 정책과 그 관련 법률은 모두 1970년대 초에 시작된 것
이다.

　관변의 독서 장려 캠페인도 정말 활발했다. 문교부는 물론
문공부·내무부 같은 중앙 행정부처도 직접 독서운동에 나서
거나 후원했다. 국민독서연맹, 한국독서인구개발공사, 독서

장려협회 같은 준관변단체도 활발했다. 국민독서연맹은 육체노동으로 힘든 노동자들까지 배려(?)하여 전국 각지에 '마을문고'와 '직장문고'를 설치했다. 예컨대 1971년 11월에는 서울 시내 모든 여자 버스 차장들이 근무하는 94곳의 합숙소에, 1972년 2월에는 부산 시내 34곳의 여차장 합숙소에 직장문고를 설치했다. 조선작의 소설 《영자의 전성시대》(1973) 등에 묘사돼 있듯, 1970년대의 여차장이란 가장 열악하고 힘든 환경에서 일하는 젊은 노동계급 여성의 상징이었다.

일반부·군인부·직장부·개인부 등 4개 부문에 걸쳐 실시된 1970년 '국민독서경진대회'는 예선 참가자만도 1만 명이 넘었다. 또 자유교양협회는 전국의 초중고교생을 대상으로 '자유교양대회'(1968~1975)를 열어 반강제로 동서고금의 인문학 고전을 읽게 했는데, 이 협회는 미국 시카고대학의 자유주의 인문학 교육의 영향을 받은 단체였다. 그런데 자유교양대회는 지극히 한국적인 전국체전 방식의 '대통령기 쟁탈'로 열렸다. 일선 학교의 교사들과 학생들은 고전을 암기하고 예상문제집을 만들어 풀고, 시·도별로 입상자 수를 점수화하여 등수를 매겼다. 이런 인문학과 독서 장려의 효과가 박정희식 근대화 동원체제를 강화했을까? 아니면 근저에서부터 점진적으로 또 정신적으로 붕괴시키는 힘이 되었을까?

사실 이 질문은 너무 단순하다. 관변의 책 읽기 운동과 관련된 '미담'은 많았다. 방법과 동기야 어쨌든 '고전'은 읽히고 있었다. 그 효과란 주최자나 권력의 '의도'에 영향을 받을 수밖에 없다. 동시에 그것과 정반대되는 방향이 되기도 한다. 고전을 읽는다는 것은 진정한 '자유교양'과 비판정신을 갖게 될 가능성을 의미한다. 1970년대 후반부터 실제로 비판적 독서문화의 기운이 높아지고 있었다. 그런데 권력의 동원이 내는 '효과'가 대체로 양적이며 가시적인 데 비해, 반대 방향의 효과를 측정하기는 쉽지 않다. 이를테면 도서관 수, 독서운동 참가자 수, 독후감 편수가 느는 것은 '성과'라 주장할 수 있겠다. 그러나 반대편에서 독서운동 참가자의 제도교육 및 강요된 '교양'에 대한 반발심, 교사가 시킨 대로 책을 읽어오지 않아 매 맞은 학생의 수, 또는 학생들이 선생의 지도와 별도로 자발적으로 결성한 독서 모임의 수, 중고교 문예반에서 자발적으로 읽거나 나눈 책이나 이야기 따위들은 찾아내기가 쉽지 않은 것이다. 그래서 이런 문제는 1970~80년대 문화정치의 전체 맥락에서 사고해볼 수밖에 없다.[75]

《어린 왕자》 그리고 최인호와 '청년' 독자들 _____

1970년대 초에는 어떤 책이 많이 읽혔던가. 문학 쪽에서는 정연희·박계형·강신재 같은 여성 작가들, 남자 작가들 중에서는 고은·방영웅·김승옥·박목월·조지훈 등의 기성 작가들이 인기가 있었다. 번역서로는 리처드 바크의 《갈매기의 꿈》이나 에릭 시걸의 《러브스토리》 등과 함께 솔제니친의 《이반 데니소비치의 하루》(1971년 수상작) 같은 노벨상 수상작도 매년 많이 팔렸다. 그리고 이때 수백 종의 다른 판본으로 수백만 권이 찍히고 팔릴(아마 미래에도 그럴지 모를) 얇은 책 한 권이 드디어 처음 번역돼 나왔다. 바로 생텍쥐페리의 《어린 왕자》였다. 이 책은 역사상 가장 많이 번역되고 읽힌 책 중 하나로, 《어린 왕자》의 수용사·번역사도 실로 크게 다룰 만한 주제다.

그리고 1945년생인 최인호는 고교 재학 중에 문단에 나와 25세 이전에 이미 〈술꾼〉(1970) 〈모범동화〉(1970) 〈타인의 방〉(1971) 같은 뛰어난 작품을 발표해 문단의 기린아가 됐다. 마치 김승옥이 그랬던 것처럼, 등장하자마자 새로운 감각으로 무장한 젊은이들에게 전폭적인 지지를 받으며 '통블생'(통기타·블루진·생맥주)으로 요약되는 그 시대 청년문화의 아이콘이 되었다.

그의 소설 중에서도 가장 많이 읽힌 것은 《별들의 고향》이다. 이는 '《자유부인》 이후' 최대의 베스트셀러였다. 1973년 9월 상·하권 합해 초판 2만 부를 찍고 6개월 만에 8만 부가 팔려, 당시 국내 창작물로서는 '초유의 기록을 세우고 1974년에는 20만 부를 돌파한 것'으로 전해진다. 그러나 사실 정확한 건 모른다. 보도마다 다르다. 《별들의 고향》의 발행부수 자체가 새로운 현상이자 신기록이었고, 혼란이자 비밀이었기 때문이다.[76]

한 인터뷰에서 최인호는 '젊음(젊은)'이라는 단어를 세 번 잇달아 사용하며 "젊음, 그리고 젊은 감정의 순수함을 꾸밈없이 드러내 보여주는 것이 젊은 독자들에게 파고드는 힘인 것 같"다고 했다. 그게 자기가 "특히 여대생에게 어필하는" 능력이라고도 했다.[77] 그의 소설에서는 모두 청춘 남녀가 등장하여 당시 젊은이들의 (연애)감정과 사회의식 그리고 생생한 입말을 그려보였다.

"경아, 오랜만에 같이 누워보는군" 같은 대사 덕분에 엄청나게 유명해진 '경아'라는 여자 주인공은 남성 판타지가 투사된 존재였다. 경아는 키 155cm, 가슴둘레 78cm, 몸무게 44kg의 가냘픈(그러나 왠지 개방적인?) 육체를 가진 순진하고 첫사랑 같은 존재로 묘사되었다. 젊은 남자 회사원들은 술집에서 '경아를 위하여'라면서 건배했고, 젊은 여성들도 '사랑꾼' 경아에 대해 어떤 동일시를 했다. 엄청난 화제 속에 영화 제작이 결정되자 자기가 경아 역을 맡겠다며 나선 여배우들도 줄을 섰다 한다.

최인호와 당시 문단의 관계도 흥미롭다. 애초에 문지《문학과지성》와 창비《창작과비평》는 뛰어난 문재(文才)를 가진 이 엘리트에게 각각 호감이 컸다. 특히 비평가 김현은《문학과지성》창간호에 〈술꾼〉을 재수록하고, 비평으로 최인호를 지원했다. 그러나 그의 상업적 대성공은 '순수·본격'을 지향한 문지를 불편하게 한 모양이다. 일약 대스타가 된 최인호를 만난 김현은, 당신이 너무 대중적으로 성공하는 바람에 우리 입장이 곤란해졌다면서 계속 대중소설가의 길로 갈 건지 따지듯 물었다 한다. 최인호는 당연히 반발했다. 그리고 창비도 먼저 최인호에게 투고를 요청했는데, 그가 투고한 〈미개인〉이라는 소설을 싣지 않고 뭉개다가 '사회의식이 약하게 표현됐다'며 '더 세게' 수정해줄 것을 요구했다. 최인호는 화가 나서

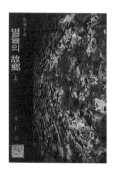

《별들의 고향》 초판.

1970년대 청년문화의
아이콘으로 떠오른 최인호의
소설《별들의 고향》은 남성
판타지를 자극하며 '호스티스
소설'의 유행을 불러왔다.
사진은 이장호 감독이 영화화한
〈별들의 고향〉(1974) 포스터와
영화의 한 장면.

다시는 창비엔 글을 쓰지 않기로 결심했다 한다.[78] 문지와 창비가 패기만만하고 눈이 매우 높던 시절의 이런 에피소드는 1970년대식 대중성과 '문지 대 창비'의 관계도 보여준다.

당시 비평가들은 《영자의 전성시대》나 《별들의 고향》 같은 소설에 나타난 여성의 육체와 섹슈얼리티가 근대화의 또 다른 심각한 차원을 드러내는 것이라고는 파악하지 못했다. 그들 모두를 '호스티스 (대중)소설'이라 퉁치고 무시하려 했다. 창비와 문지는 각각 자기 길을 가며 독자층의 관심을 다른 방향으로 이끌고자 했다. 그래서 창비는 1974년 4월 《객지》를 '창비신서' 제1권으로 내면서 역시 새파란 20대였던 황석영을 자기네 스타로 만들려 했다. 《객지》도 만만치 않은 판매 성적을 기록했다.

청년문화의 분화, 《별들의 고향》 vs 《객지》 _____

청년문화가 당대의 중요 이슈가 되면서 대학생은 이전과 다른 방식으로 더 크게 사회적 존재감이 부각되었다. 한계에 달한 외판 전집류가 아닌 단행본 시장이 차츰 기대를 모으기 시작했는데, 대학생이 많이 사는 책이 베스트셀러가될 만큼 단행본 출판계의 대학생 의존도도 높아졌다. 그러나아직 대학생이 많이 보는 책은 이전과 확 달라지지는 않았다.

이어령·전혜린·김형석 같은 1960년대식 에세이류와 헤르만 헤세·루이제 린저 등이 여전히 인기 있었다. 아직 본격적인 저항적 사회과학 도서는 나타나지 않고 있었다. 1973년 4월의 한 신문기사는 대학생들의 독서 경향을 정리했는데, 그들이 한편으론 이청준의《소문의 벽》《별을 보여드립니다》나 최인훈의《광장》같은 어렵고 정통적인 소설을 많이읽으면서도, 또한 생텍쥐페리의《어린 왕자》나 리처드 바크의《갈매기의 꿈》같은 성인용 동화도 읽는다고 했다. 그러면서 현실의 고민과 상황에 대한 저항감의 한 반영이거나 "답답해지는 마음을 동화로 카타르시스하고 싶기 때문"일 것이라 했다. 그 같은 청년 세대의 지적 고민은 사회과학과 역사학에 대한 관심을 환기하지만 대학가에서 읽히는 책은 박종홍의《한국사상사》, 이용희의《한국회화소사》, 박은식의《한국독립운동지혈사》, 에리히 프롬의《희망의 철학》, 존 갤브레이스의《풍요한 사회》등이었다.[79]

1970년대 초중반의 대학생들은 최인호의 소설 또는 하

길종·이장호의 영화 〈바보들의 행진〉(1975)·〈어제 내린
비〉(1974) 등에 나타난 것처럼 기성의 권위에 짓눌려 있었
다. 열정이나 분노를 어디에 풀어야 할지 몰라 '위악'과 바보
짓을 행하거나, 초점이 맞지 않는 반항을 한다. 그러나 유신
정권이 점점 광기를 더해감에 따라 '긴급조치 세대'는 집합
적 저항과 급진화의 시절을 기다리고 있었다. 즉 1970년대
중반 이후 대학가와 지식인 사회에서 민중주의와 저항문화
가 빠르게 확산된다. 1974년 6월에 열린 한 토론회에서 이화
여대 서광선 교수는 당시의 청년문화가 《별들의 고향》형'과
'《객지》형'으로 분화되어가고 있다고 정리하기도 했다. 물론
'《별들의 고향》형'은 낭만적이고 도회적인 가치, 《객지》형'은
저항적이고 민중적인 경향을 상징했다.

《저 하늘에도 슬픔이》에서 전태일까지 _____

　　　　개발독재의 강력한 억압과 경제성장의 성과가 상
호작용하며 부른 망탈리테(집단심성)의 변화로 사회 전반에
속물화와 물신주의가 팽창해갔다. 그럼에도 어떻게 1970년

대 버전의 민중주의가 빠르게 확산되고 대학생·노동자를 중심으로 한 저항의 동력이 마련되었을까?

압축근대화가 야기한 모순과 고통에 대한 공동체의 거부반응도 가시화되고 있었던 것이다. 이는 노동자나 사회적 약자 그리고 '가난'을 사고하는 양가적 시선을 통해 드러난다. 그 시대 한국 사람들은 점점 돈밖에 모르는 '경제적 인간'(호모 이코노미쿠스)이 돼가면서도, 다른 한편 '다 같이 가난하여' 이웃을 연민할 수 있고 '우리 국민 모두'가 '가난 공동체'에 살고 있다는 공통감각(또는 착각)을 아직 갖고 있었다. 이를테면 '앵벌이' 이윤복 소년의 일기인 《저 하늘에도 슬픔이》(1964)가 전 국민의 눈물바람을 일으키고, 이후 불어닥친 출판계의 수기·논픽션 바람은 넝마주이, 고물장수, 구두닦이, 버스 차장, 여공 등 가장 밑바닥에서 고생하는 사람들의 눈물 나는 이야기를 부각했다.

그리고 1970년 11월 13일, 스물두 살 어린 재단사 전태일의 죽음. 이 사건은 그런 공동체적 연민을 한층 깊은 슬픔과 분노로 이끌었다. 비록 일시적이었지만 서울의 주요 대학뿐 아니라 고등학교와 각지의 노동자들이 전태일 추모 집회를 열고 집단행동을 했다. 또한 전태일의 죽음은 지식인·대학생에게 결코 지울 수 없는 충격이 되어 운동의 노선을 달리하게 만들었으며, 이로써 1970년대 노동운동이 격발되었다.

유신 말기에 단행본으로 묶인 《난장이가 쏘아올린 작은 공》(1978)에 이르면 더욱 놀랍다. 아빠 '난장이'는 비록 저항하지 못하고 자살해서 한 많은 인생을 마치지만, 평범한 주부인 신애는 '우리도 사실 난장이'라며 칼을 든다. 난장이의 아들·딸도 복수를 다짐하고 결행에 나선다. "아버지를 난장이라고 부르는 악당은 죽여버려." 천

전태일의 이름을 빼놓고 1970년대 초의 사회와 문화를
말하기는 어렵다. 그의 죽음은 사회 전반에 큰 충격을 주면서
많은 사람들의 운명을 바꿔놓았다. '근로기준법을 준수하라',
'대학생 친구 하나만 있었으면…' 같은 '치명적인' 말을 남겼기에,
김문수·조영래·장기표처럼 '엘리트 코스'로 살아가던 사람들뿐
아니라, 《전태일 평전》을 읽고 간접적으로 그 삶과 죽음을 목격한
무수한 사람들에게도 큰 충격과 감화를 주었다. 또한 자기 몸에 불을
댕기고 내달렸기에 많은 타인들의 죽음에도 영향을 주었다.
제도교육을 거의 받지 못했지만 믿기 어려운 뛰어난 지성과 영성을
지닌 스물두 살 청년 전태일은 공책 7권 분량의 일기를 남겼다.
일기 속에는 어린 전태일이 비뚤배뚤한 글씨로 자기의 꿈에 대해
쓴 것도 있고, 박정희를 '국부'로 칭하며 어린 노동자들의 피폐한
삶을 살펴봐달라고 호소한 (부치지 못한) 편지도 포함되어 있다. 그는
일기장에다 김소월의 시도 써놓고 한자 공부를 하기도 했다.
이 일기는 전태일 사후 누군가들에 의해 옮겨 적힌 후 등사판 인쇄로
몇십 부쯤이 돌아다녔다 한다. 대학생들 중에 이를 직접 본 사람들이
있었다. 1983년 출간된 조영래의 《전태일 평전》(당시 제목은 《어느 청년

#ep. 07

전태일의
　일기와
《전태일 평전》

노동자의 삶과 죽음》)은 당연히 이 일기를 기초로 쓰인 것이다. 일기 원본은 동생 전태삼이 보관했다가 2013년에 공개했다.(문화재로 지정할 만한 가치가 있다고 생각한다.) 일기 쓰기가 언제부터 초중등 교육의 주요 항목이 됐는지는 불분명하지만, 일기 쓰기는 제도교육이 하는 일 중에서 가치 있는 얼마 안 되는 일의 하나 같다. 어떤 식으로든 일기 쓰기는 글쓰기와 자의식의 형성에 효능을 가지고 있기 때문이다. 전태일에게도 일기 쓰기는 그의 지성과 노동자로서의 자기의식을 키우는 데 단단히 한몫했던 것 같다.

이 일기를 바탕으로 해서 뜨거운 문체로 쓰인 조영래의 《전태일 평전》은 한국 논픽션 문학의 고봉(高峯)이다. 이 책은 1980년대 중반까지는 복사본과 '지하문학'으로 유통되었지만, 그 뒤로부터 지금까지 수백만 부가 읽혔다. 그리고 '전태일'은 1990년대엔 영화(박광수 감독)가 되었다. 많은 시민이 십시일반 제작에 참여해서 만들었다. 그런데 그보다 훨씬 앞서 1978년에 일본에서 전태일과 그 어머니 이소선을 소재로 만든 〈オモニ(어머니)〉라는 작품이 있다는 사실은 별로 알려져 있지 않다. 일본에 있던 반(反)박정희 - 민주화운동 단체였던 '한국민주회복통일촉진국민회의'(한민통)가 만든 이 리얼리즘 영화의 존재는 '전태일사(史)'에서 묻혀버린 한 장면이다.

어느 청년노동자의 삶과 죽음
전태일 평전/전태일기념사업회 엮음

산업화 시대와
저항의 독서:
1970년대 ②

노동자의 책 읽기

마산의 시인 이선관은 1979년 《씨을의 소리》에 실린 시 〈번개식당을 아시나요〉에서 노동자들의 고단한 삶을 그린다.

자유를 수출한다는 지역이 아닌 / 수출을 자유롭게 한다는 지역에서 / 일하는 그녀들의 이름은 / 당국에서는 근로자라 부르고 / 노동청에서는 노동자라 부르고 / 누구는 기능공이라 부르고 / 누구는 산업 전사라 부르고 / 누구는 여종업원이라 부르고 / 누구는 여공이라 부르고 / 누구는 공순이라 부르는데 / 그 지역 후문에 / 정오만 되면 어김없이 나타나는 / 이동식 포장마차! 거기에 차려놓은 / 번개식당의 다양한 즉석 메뉴 / 일분 막국수, 이분 짜장면, 삼분 김밥, // 어느 할 일 없는 市民이 사진을 찍어 /

이 지방 신문에 게재가 되니 / 그로부터 몇일이 지나니 / 포장마
차는 퇴근 시간이 지나도록 / 영 영 나타나주지 않더이다. / 수
출을 자유롭게 한다는 지역의 / 후문에는 쥐죽은듯이 고요한 가
랑비가 / 내리고 있더이다.[80]

　　정부가 정한 수출자유지역 마산공단에서는 '수출할 자유'
는 흘러넘치지만 정작 노동자들은 '밥 먹을 자유'가 없다. 정
오만 되면 공단 후문에 순식간에 펼쳐지는 이동식 포장마차
번개식당에서 노동자들은 '일분 막국수', '이분 짜장면', '삼분
김밥'으로 허기를 달랜다. 그러나 번개식당은 어느 하릴없는
시민이 사진을 찍어 지방 신문에 게재된 며칠 후부터 단속으
로 사라진다.

　　밥 먹을 시간도 없었던 노동자들에게 책 읽을 시간은 있
었을까? 1978년 《매일경제》의 조사는 월소득 5만 원 미만
의 저소득층(노동자층)의 독서율이 뜻밖에 높은 것에 놀란다.[81]
1980년 구로공단 노동자 327명을 표본으로 삼은 한 조사에
따르면, 여가시간을 보내는 방법 중 '주로 독서를 한다'고 응
답한 노동자는 전체의 39.4%였다. 독서 종류는 취미 독서
(30.3%), 전문서적 공부(20.5%), 문학작품 독서(20.2%) 순이었

고 월간지, 주간지, 만화가 그 뒤를 잇는다.[82] 당시 노동청 관악지방사무소의 상담실에 근무했던 임갑수는 "근무로 인하여 피곤할 것이 당연한데 근로자들의 독서열은 게으른 여대생들이 따를 수가 없을 만큼 열성적이다. 여가시간을 활용하기 위해 책을 읽는다는 근로자가 54.6%라고 상담 결과에 나타나고 있다"[83]고 적고 있다.

슬픈 이야기지만, 노동자들은 돈이 들지 않기 때문에 책을 읽었다고도 볼 수 있다. 1976년 무렵 전국에 200만 대가량의 TV 수신기가 보급된다. 하지만 저임금 노동자들은 그것을 살 여유도, 볼 여가도 없었다. 이에 비해 책은 비교적 손쉽게 구할 수 있었다. 정부와 관변에서는 동네마다 '(새)마을문고'를, 공장과 합숙소(기숙사)에 '직장문고'를 설치했다. 노동자의 권익을 위해 활동했던 도시산업선교회나 청계피복노조 노동교실 등에서도 도서실을 마련하여 노동자들에게 책을 빌려줬다.[84]

책 읽기는 절박한 현실을 잠시 잊을 수 있는 탈출구였다. 동일방직의 여성 노동자 석정남은 《대화》에 발표한 수기에서, 책을 읽으며 고단한 현실에서 탈출하고자 하는 모습을 보여준다.

4월 26일 오늘은 종일 시를 썼다. 헬만 헷세. 하이네. 윌리엄 워즈워드. 바이런. 괴에테. 푸시킨. 이 얼마나 훌륭한 이들의 이름인가? 나는 감히 상상도 못할 만큼 그들은 훌륭하다. 아, 나도 그들의 틈에 끼고 싶다. (…) 감히 내가 저 위대한 이들의 흉내를 내려 하다니. 이거야말로 짐승이 웃고 저 하늘의 별이 웃을 것을 모르고…. 아무 지식도 배움도 없는 나는 도저히 그런 영광을 가질 수 없다. 이대로 그날 그날 천하게 밥이나 처먹으며 사는 거지. 그리고 끝내 돼지같이 죽는 거야.[85]

이어지는 일기에서 확인되는 그녀가 읽은 책들은 《안네의 일기》, 《주간중앙》에 게재된 소련 작가 솔제니친의 망명 수기, 일본 번역소설 《원죄》, 국내 소설작품, 노벨문학상 수상작들, 셰익스피어 전집, 월간지 《한국문학》 등이었다. 그녀는 책을 읽고 시를 지으면서 자신의 처지에서 벗어나길 열망하지만, 지식도 배움도 없기 때문에 좌절할 수밖에 없다고 토로한다. 이렇게 책 읽기를 통해 자기 삶과 상관없는 '교양'(?)을 추구하던 노동자들에게 어떤 도약의 순간이 도래한다. 한진중공업의 김진숙은 "시집을 끼고 다니며 니체도 모르는 아저씨들을 비웃으며 그들과 나는 다르다고 끊임없이 주문을 외우던" 자신이 억새풀야학의 '강학'에게서 건네받은 《어느 청년 노동자의 삶과 죽음》(전태일 평전)을 읽고 "나 자신에게 부끄러워 꺼이꺼이 지리산 계곡처럼"[86] 울었던 비약의 순간을 고백한다.

그/그녀들은 노조의 소모임 활동과 파업을 계기로 '공순이/공돌이'에서 '노동자'라는 주체로 비약했다. 많은 노동자들이 이 과정에서 동료들과 함께 읽은 《난장이가 쏘아올린 작은 공》《어느 돌멩이의 외침》(유동우) 《전태일 평전》《서울로 가는 길》(송효순) 등이 결정적인 역할을 했다고 기억한다.[87] 이제 노동자들은 누군가가 대변해줄 대상이 아니었다. 그들은 자신들의 언어로 노동자의 삶에 대해 쓰고 읽었다. 전태일은 하나가 아니었다.

저항의 우화, 《난장이가 쏘아올린 작은 공》

1970년대는 급속한 경제발전만큼 산업화의 그늘도 짙어지던 시대였다. 근대화로 인해 도태되는 한 서커스단의 해체 과정을 그린 한수산의 《부초》(1976), 인간 구원의 문제를 다룬 이문열의 《사람의 아들》(1979)이 베스트셀러가 된 것도 급속하고 아수라장 같은 산업화에 대한 비판의식과 무관치 않다. 이러한 산업화의 모순을 전면화한 작품이 조세희의 연작소설집 《난장이가 쏘아올린 작은 공》(1978)이다. 가족의 마지막 식사도 허락지 않고 집을 부수는 무자비한 철거, '은강 노동 가족'의 참담한 실상과 난장이의 자살, 그들의 삶과 대비되는 재벌(자제)들의 퇴폐적인 삶의 면모 등 소설이 다룬 사회 현실은 많은 독자의 분노와 공감을 얻었다.

조세희는 《신동아》《대화》 등에 실린 사회문제를 다룬 논픽션의 당대적 문제의식을 공유하고, 대화 녹취록·문서·통계와 같은 저널리즘의 서술 방식을 작품에 활용했다. 예컨대 오늘날 고등학교 문학 교과서에도 실려 있는 〈내 그물로 오는 가시고기〉 등에 나오는 재벌의 이미지가 그 사례이다. '난장이'의 노동자 자식들과 얽히는 재벌가의 청소년들은 뭔가 대단히 조숙하고 퇴폐적인 인물로 그려지는데, 이것은 재벌과 그 2세들을 반사회적 세력으로 고발한 당대 저널리즘 기사들과 관련된다. 가족의 보금자리를 지키기 위해 재벌 2세를 따라 나선 영희는 1970년대적 논픽션 혹은 호스티스 문학의 한 맥락을 공유한다고도 말할 수 있겠다.[88]

'난장이' 가족이라는 우화적 설정은 어떻게 이루어졌을까? 실제로 조세희는 어느 밤 오징어 장수인 난장이가 캄캄한 동네를 향해 "돈이 꼭 필요해서 반값에 오징어를 가져가라는데 이 ××놈들아 왜 안 사가느냐"며 넋두리를 하는 장면을 마주하고 주인공을 결정했다고 한다. 서울 변두리 기자촌 너머 꼬방동네에 살

《난장이가 쏘아올린 작은 공》
초판.

고 있던 이 난장이의 한밤중 무력한 절규는 그만큼 작가에게 처연하게 다가왔나 보다. 조세희는 이 난장이의 처연한 절규를 문자로 작품에 새겨둔 셈이다. 《난장이가 쏘아올린 작은 공》은 1978년 출판 이래 여러 차례 연극으로 상연되었고, 영화, TV 단막극 및 창작뮤지컬 등으로 만들어졌으며, 최근에는 재즈음악으로도 만들어지는 등 다양한 장르로 재창조되며 대중에게 사랑받아왔다.

《난장이가 쏘아올린 작은 공》은 출판 6개월 만에 10만 부가 팔렸고, 100쇄(1996년 4월), 200쇄(2005년 11월)를 넘겨 100만 부(2007년 9월)를 찍었다. 이 소설은 대학가에서 먼저 붐을

일으켰다. 이 시기 많은 청춘들의 옆구리에 패션처럼 자리하고 있던 《별들의 고향》 대신 《난장이가 쏘아올린 작은 공》으로 갈아끼워졌다. 대학생들은 이 책을 통해서 가난한 민중의 현실에 눈을 떴다. 1980년대 초 구속된 학생운동가들에 대한 판사 판결문에는 사건 당사자들의 의식화 커리큘럼의 첫 번째 목록으로 이 책이 빈번하게 등장한다.*

이 소설이 더 이상 읽히지 않는 세상을 간절히 염원하는 조세희의 바람은 당분간 이루어지기 힘들어 보인다. 작품이 그렸던 1970년대 '난장이'의 현실이 우리 시대에도 여전히 계속되고 있기 때문이다. 남일당 망루에서 철거민과 경찰이 불타죽은 용산 참사, 미군기지 이전에 따른 평택 대추리 주민의 수난 등 '난장이'의 자식들은 여전히 쫓겨 다니고 있다. 이러한 현실이 지속되는 한 《난장이가 쏘아올린 작은 공》은 스테디셀러라는 불명예(?)를 계속 감수해야 할 듯하다.

---

* 1982년 구속된 노동운동가 이근원의 1심 재판에서 이우근 판사의 판결문이 그 한 사례이다. 이 판결문에서 이근원의 의식화 첫 책은 《난장이가 쏘아올린 작은 공》으로 명시되어 있다.(이근원, 《아빠의 현대사》, 레디앙, 2014, 66쪽)

'임금은 알몸이다', 리영희의 《전환시대의 논리》

　　한 시대를 대표하는 지식인 리영희가 1970년대
에 출간한 《전환시대의 논리》(1974) 《8억 인과의 대화》(1977)
《우상과 이성》(1977)은 모두 정부의 금서 목록에 이름을 올리
는 영예(?)를 안았다. 그만큼 그의 지성과, 루쉰을 닮은 강직
한 문장을 권력은 싫어했다. 그중에서도 《전환시대의 논리》
는 비판적 사회과학 서적으로는 분단 이후 처음 베스트셀러
가 된 책으로 알려져 있다. 2007년 《경향신문》 조사에 따르면
이 책은 《해방전후사의 인식》 《태백산맥》과 더불어 해방 이
후 "한국사회에 가장 큰 영향을 준 국내 저술"[89]이기도 하다.

　　1970년대 중후반 및 1980년대 초반 학번의 대학생들에
게 리영희의 책은 실로 대단한 영향
을 끼쳤다. 유시민은 대학에 들어가
서 만난 '지하대학'(언더서클)의 1학년
1학기 필독서가 《전환시대의 논리》
였다면서, 이 책이 지식인의 삶은 어
떠해야 하는지 가르쳐준 "인생의 교
과서"였으며, 리영희가 철학적 개안

《전환시대의 논리》 초판.

(開眼)의 경험을 안겨준 "사상의 은사"였다고 고백한다.[90] 유시민뿐만 아니라 당시 운동에 투신한 많은 이들에게 이 책은 의식의 각성제였다.

무엇이 그토록 강렬한 영향을 끼쳤던 것일까? 이 책은 사회주의 중국과 베트남전쟁에 대한 새로운 인식을 자극했지만, 그것이 본질은 아니었다. 리영희는 《전환시대의 논리》의 효과를 '남한적 이념(가치관과 이데올로기)의 허구성과 진실을 위장했던 굳고 딱딱한 가면이 벗겨'지는 "'가치의식'의 총체적 해체"였다고 요약했다.[91] 그는 광적인 반공주의와 극우적 세계관만을 듣고 살아온 한국인들에게, 인류사회에는 그것과 다른 인간적 사유와 존재양식으로 이루어진 사회와 국가들이 많다는 사실을 깨우쳐주었다.

리영희는 '임금은 알몸이다'라는 폭로에서 그치지 않고, 이러한 폭로에 이르기까지 얼마나 많은 인간적 타락과 사회적 암흑, 지적 후퇴가 강요되었는가를 인식하는 것이 중요하다고 말한다. 유신 정권은 그를 '의식화의 원흉'으로 지목했다. 그 결과 리영희는 반공법 위반으로 투옥되었다. 감옥에 있는 사이 어머니의 임종도 못한 그는 "들어온 밥과 사과 한 알하고, 김지하가 보내준 사탕을 놓고" 제사를 지냈다고 한다.[92] 그는 우리 사회가 크게 빚진, 진정한 "사상의 은사"였다.

언론 탄압의 후과와 사회과학 독서문화의 형성 _____

1970년대 중반 《동아일보》 기자들은 유신 정권의 스피커가 되기를 거부하고 '자유언론실천선언'을 주도했다. 정권은 《동아일보》의 광고줄을 옭죄는 방식으로 압력을 가했고, 시민들은 감동적인 격려 광고를 통해 언론 자유를 후원했다. 하지만 《동아일보》 사주는 정권과 타협하고 113명의 기자들을 대량 해고한다. 그 이후 지금까지 '동아투위'(동아자유언론수호투쟁위원회)의 성명처럼, "이제 동아는 어제의 동아가 아니다."

해고된 '동아투위' 구성원들은 자체 수입 확보를 위해서 책을 출판했다. 해직 기자들의 모임인 '종각 번역실'에서는 휴머니즘적 사회주의 공동체를 제안하는 에리히 프롬의 《건전한 사회》를 번역하여 3만여 부를 판매했다고 한다. 이후 해직 기자 중 일부는 출판사를 차리고, 제적당한 학생운동권 후배들을 편집부 직원으로 채용했다. 한길사, 예조각, 과학과 인간사, 까치, 정우사, 청람, 두레, 아침 등의 출판사가 이렇게 태어났다. 정권은 대학과 언론계에서 교수와 기자, 학생들을 축출했지만, 출판계는 그들을 영입하여 새로운 '의식의 요새'를 구축했다. 이러한 출판사들이 1970년대 말 비판적 사회과학 독서문화를 형성시켰고, 1980년대 사회과학 서적 붐의 중요한 기반이 되었다. **정**

대한출판문화협회의 1978년 독서 경향 조사에 따르면, 당시 연령·지역·성별에 관계없이 많이 읽힌 국내 서적은 《난장이가 쏘아올린 작은 공》과 더불어 법정 스님의 《서 있는 사람들》(1978)이었다.[93] 그보다 앞서 법정 스님의 대표 수필집 《무소유》(1976)도 출간되었다. 이 에세이들은 2010년 스님의 유언으로 절판될 때까지 꾸준히 재간행되며 사랑받아왔다. 솔직히 말하면 청년 시절의 나는 개인의 수양을 강조하는 《무소유》의 내용이 불만족스러웠다. 한국사회의 구조적 모순은 집단적인 변혁운동을 통해서만 해결할 수 있다고 믿었기 때문이다. 서슬 퍼런 박정희 유신 정권에 대항한 '헌법 개정 백만인 청원 운동'의 발기인 30명 중 하나인 법정 스님이었지만, 그 뒤로는 유신과 독재에 저항하는 현실의 운동에서 떠난 듯한 모습에 실망하기도 했다. 그의 대표작인 《무소유》도 집착의 원인인 난초 화분을 다른 사람에게 맡기는 마지막 장면이 왠지 번민을 타인에게 떠넘기는 것처럼 느껴져 불편하기만 했었다.

하지만 요즈음에는 내 안에 가득 차 있는 소유의 욕망이나 집착들과 일상적으로 대면하면서, 강남 개발과 부동산 투기 등 욕망의 시대에

욕망의 시대에 ─── 던지는 화두, 《무소유》

제기된 '무소유'의 철학이 어쩌면 변혁운동만큼이나 근원적이고 급진적인 사유였을지도 모른다는 생각을 하게 되었다. 그런 점에서 법정 스님을 최근 넘쳐나는 이른바 '힐링' 전도사 정도로 생각해서는 곤란할 듯하다. 생명을 존중하고 소유욕과 싸우라는 그의 가르침은 어쩌면 변혁운동 못지않게 급진적일지도 모른다.

《무소유》에서 스님이 말하는 핵심이 아니라 엉뚱한 것을 배우는 사람이 드물진 않은가 보다. 이를테면 법정 스님이 입적하신 후에 "고인의 저서(《무소유》)를 아끼고 해외 순방 때도 끼고 다녔다"고 각별한 애정을 밝힌 이명박 전 대통령도 그중 한 사람이다.(그렇지만 그는 정작 이 책을 발행한 출판사 이름인 '조화로운 삶'을 작품명이라 우겼다.) 멀쩡한 강을 파헤쳐 뭇 생명을 유린하는 사업을 '4대 강 살리기'로, 핵에너지 개발을 '녹색성장'으로 호도한 데서 알 수 있듯이, 그는 법정 스님에게서 아무것도 배운 것이 없었다. 무소유는커녕 탐욕스러운 소유에의 집착은 그를 차가운 감옥에 갇히게 했다. '똑같은 물을 마시고 뱀은 독을 만들고 소는 우유를 만든다'는 옛말이 있다. 우리가 하는 독서도 그와 다르지 않은 것일까?

근대화 연대(1960-1980년대)의
자기계발·
처세서 읽기

'자기계발'이라는 문제 _____

　　박근혜가 감옥에서 읽었다는 일본 작가 야마오카 소하치의 대하 역사소설 《대망》은 1970년에 처음 한국에 번역·수입되었다. 주로 대학생과 직장인이 독자였다. 이 소설의 원제는 '德川家康'(도쿠가와 이에야스)다. 즉 전국시대 일본을 통일하고 새로 막부를 개창한 도쿠가와 이에야스를 중심으로 그 주변의 오다 노부나가·도요토미 히데요시 같은 '사무라이 영웅'들을 다룬, 매우 '일본스러운' 일종의 정치소설이다. 전집류가 고전하던 때에 이 소설이 선풍적인 인기를 끌자 여러 가지 잡음이 생겼다. 곧바로 '도쿠가와 이에야스'라는 원제 그대로 출간된 책이 나오는 등 고질적인 중복·해적 번역 출판 현상이 벌어졌던 것이다. 일부 관계자들은 별 근거 없이 이 일본 소설이 '저질'이며 민족 주체성을 갉아먹는 못된 책인 것처럼 목소리를 높였다.[94] 하지만 열기는 식을 줄 몰랐다.

그런데 이때 일본산 처세서와 '상술서'가 여럿 번역·수입되는 현상도 함께 나타났다.[95] 왜일까?《대망》이 '싸나이'와 '아저씨'들의 '인간 경영', '처세술' 책처럼 읽힐 요소를 듬뿍 갖고 있었고 또 그렇게 읽혔기에, 업자들은 새삼 처세서 시장의 잠재력을 본 것이었다. 일부 계층에서《삼국지》가 그렇게 수용되는 것과 비슷한 현상이다. '문학화된 자기계발서'의 한 원형이랄까?

자기계발서는 특히 직장인이나 대학생들에게 가장 많이 읽히는 종류의 책이지만, 지식인이나 비평가들에겐 가장 자주 비판을 받는다. 그러나 '자기계발'에는 단칼로 자르기 어려운 복합적인 함의가 들어 있다. 우주 전체에 값하는 자기의식('천상천하 유아독존')과 무엇으로도 환원할 수 없는 개체적인 생명-몸을 가진 존재인 인간이, 자신의 인격·관계·신체·경력·자원을 도야·운영하는 총체적인 문제와 관련되기 때문이다. 그래서 '교양·수양·처세'와도 직통하는 '자기계발'의 역사는 춘추전국시대나 그리스·로마 사회에 이른다. 프랑스 철학자 미셸 푸코는 이러한 자기계발·관리를 '자아의 테크놀로지'라 이름했다.

그런데 '자기계발(서)'은 왜 비판을 받을까? 자기계발은 세속의 운영 원리와 규범에 맞게 자신의 삶을 주체화(또는 대상화)한다는 의미를 지니며, 특히 현대에 이르러 그 최종 목적이 세속적 '성공'에 있는 것으로 간주되기 때문이다. 즉 자본주의 사회에 살며 '경제'를 영위하는 주체의 속물적 행복이나 영달이 자기계발의 최종심급처럼 돼버린 것이다. 비판도 이런 데 초점이 맞춰진다. 세속적 행복이나 영달이 '나'의 '진정한 삶'이나 '자아실현'의 진정한 목표는 될 수 없는 것 아니겠는가?

자기계발서가 IMF 경제위기 이후에 닥친 신자유주의 시대의 총아이며 《부자 아빠, 가난한 아빠》(1998) 같은 책이 그 선구자인 것처럼 생각하기 쉽지만, 기실 그렇지 않다. 1910~20년대부터 '처세·수양'과 돈 벌기, 인간관계 운영하기 등을 다룬 '범(凡)자기계발서'는 근대 독서문화의 핵심 항목이었다. 자기계발 이데올로기와 그 수행은 새롭게 근대인에게 주요한 삶의 과제가 됐기 때문에, 식민지 시대에도 다양한 수양·처세·사교술 책이 나왔다.[96] 그러니까 자기계발서의 역사는 일면 자본주의의 역사이고, 또한 자본주의가 주조하는 근대적 인간성·자기정체성의 역사라 할 수 있다.

'자기계발(서)'의 분화와 발달

　　사회적 인정과 물질적 성공을 얻어내기 위한 적극적 활동의 총칭이 '처세'라면, 다 채울 수 없는 물욕과 인정의 욕망을 조절하고 다스려 차라리 마음의 평화를 얻자는 것이 '수양'일 것이다. 자기계발서는 이 같은 '처세'와 '수양'을 기본으로 하는데, 자본주의의 발전에 따라 더 복잡해지고 다양해졌다. 신자유주의가 전 사회와 세계를 지배하기 시작한 이래(특히 2000년대 이후에는), 마치 경영·경제학이 대학에서 그랬듯 '자기계발(서)' 분야는 무지막지한 생산성과 놀라운 접속력을 가진 (들뢰즈적인 의미의) '기계'가 되었다. 구텐베르크 은하계의 전체 판도가 '자기계발' 바이러스 탓에 바뀌기도 했다. '자기계발'서는 '경제·경영' 도서들을 축으로 광범하게 세포분열했다. 처세·자기수양·일상도덕에 관한 책들은 이른바 고전은 물론 인문학·문학도 자기계발 분야 책으로 둔갑하게 만들었다. 또한 '에세이·건강·동화·청소년·여성' 등의 범주도 '자기계발'을 중심으로 (재)배치되었다.

　　최근 한국 처세서는 '글쓰기'와도 접속하고 있다.《대통령의 글쓰기》라는 책이 히트를 치고 글쓰기에 대한 대중의 관

심이 높아지자《회장님의 글쓰기》《책 쓰기 혁명》따위의 책
도 잘 팔린다고 한다. 이들 책이 2014년 이래 '인문학 중심'
의 출판계 풍향을 다시 '자기계발'로 가져오고 있다는 해석
도 있다.

자기계발서의 종류와 독자

　　　　자아의 테크놀로지는 '처세', '자기 알기', '자기 관
리', '자기 돌봄', '자기 개발' 등으로 구성되는데, 세계와 자기
자신에 대한 태도만을 놓고 굳이 분류하자면 다음과 같은 세
종류의 자기계발서가 있다.

　첫째, 경제·경영서, 재테크 서적 같은 '적극형', '공격형',
'세속형' 자기계발서. 이들 책에서 저자들은 환골탈태를 요청
하며 독자의 불안과 경쟁심리를 자극한다. 주로 명령문으로
무능한 독자들을 꾸짖어 '내가 남보다 늦거나 못한 게 아닌
가' 하는 초조를 자극한다.《부자 아빠, 가난한 아빠》같은 것
이 그 가장 적실한 예다. 세계적으로 수천만 권이 팔렸다는
이 책의 원제는 "Rich Dad's Rich Kid, Smart Kid —Giving

Your Children a Financial Head Start"(부자 아빠의 돈 많고 똑똑한 자식들—아이들에게 금융을 조기교육하기)란다.

둘째, 자기 자신과 '마음'에 더 집중하는 '평화형', '수비형' 자기계발서. '수양형', '심리형'이라 해도 되겠다. 주관적 관념론에 기초한 주의주의(主意主義)적이라는 점은 첫 번째 유형과 비슷하지만, 대체로 더 '선하게' 자기-중심적이다. 그러나 자기연민(《아프니까 청춘이다》)과 '정신승리'는 기본이고, 약간 병적인 면도 있어 자학·자폐 같은 데로 독자를 인도할 수도 있다. 자아심리학과 불교, '힐링', 그리고 각종 행복론이 이 유형과 가깝다. 그리고 이 책 저자들의 목소리는 '교주'나 멘토에 가깝다. 박근혜가 말한 '간절히 원하면 우주가 도와준다'는 메시지는 2007~2008년 독서계를 강타한 《시크릿》과 비슷한 것이다. 유사과학적인 메시지가 잔뜩 들어 있는 이 책의 부제는 "수세기 동안 단 1%만이 알았던 부와 성공의 비밀"이었다. 무려 50개국에서 번역되고 2천만 명이 이 책을 사 읽었다 하는데, 그중 얼마나 많은 독자가 부나 인생의 성공을 일궜는지 궁금하다.

셋째, 그 자체로 가치중립적인 매뉴얼로 분류될 수 있는 '중간형', '기능형' 자기계발서. 《아침형 인간》《성공하는 사람들의 7가지 습관》《메모로 나를 경영하라》《7번 읽기 공부 실천법》 등이 그렇다. 물론 이 매뉴얼들은 치열하게 직장생활과 '처세'를 해야 하는 사람들을 겨냥한 것이라서 언제든지 우리 일상과 몸에 미치는 미시정치학을 구현할 수 있다.

'자기계발'의 주체는 세속과 자본주의 사회의 삶을 살아가는 모든 존재이지만, 구체적으로 자기계발서의 독자는 샐러리맨 혹은 사장님, 혹은 그런 정체성을 가진 존재다. 샐러리맨은 대개 사무직·지식노동자이지만 계층 상승을 꿈꾸는 모든 노동자도 자기계발서의 독자가 될 수 있다. 사회학자 서동진의 지적처럼, 오늘날 무한 확장된 자기계발의 담론은 모든 주체에게 강요되거나 내면화되고 있는 규범이자 '테크닉'이다.[97] '스펙 쌓기'나 재테크에 열중하는 대학생·주부·직장인뿐 아니라, 어린이에서 노인에 이르는 모든 '자기'들은 '자기'의 모든 것, 즉 돈과 경력, 라이프 스타일과 몸, '마음'과 관계 및 '사랑'을 돌아보고(알기·성찰), 관리하고(관리·경영), 발전하게(계발·자조) 하기 위해 긴장을 늦추면 안 된다. 모두가 샐러리맨 혹은 경영자처럼 된 것이다.

개발 연대와 자기계발서 읽기 _____

'개발(開發)'과 '계발(啓發)'은 다르지만 그리 멀지 않다. 1950~60년대에 걸쳐 《마음의 샘터》(최요안)라든지 버트런드 러셀이나 데일 카네기의 《행복론》이 상당히 많이 읽혔다. 또한 《당신은 담배를 끊을 수 있다》 《1일 24시간을 어떻게 쓸 것인가》 《40세까지 성공하는 법》과 같이 구체적인 삶의 매뉴얼과 '자아의 테크놀로지'를 특정 독자층을 향해 설파하는 종류의 책들도 있었다. 《남편 사교 에치케트》 《남편을 성공시키는 법》 《여성의 인생문답》 등 여성과 주부를 겨냥한 '여성 자기계발서'의 원조에 해당하는 책들도 이미 나왔다. 그러나 원조·차관경제의 단계에서 아직 '자기계발'은 처세·수양·행복 담론에 주축이 놓여 있었다. 그나마 그 책들은 거의 미국과 일본에서 수입된 것들이었다.

《대망》과 1970년대 일본 수입 처세서들은 더 심화된 자본주의를 반영하고 있다. 1972년 5월 《매일경제》의 기사는 정확하게 자기계발서의 용도를 짚어주고 있다. "자기계발 없이 오늘날과 같은 기업 사회에서 삶을 영위하려는 것은 마치 기초 없이 건축을 하는 것과 같다. 격동하는 국제 기업 경쟁의

와중에서 모든 기업과 인간은 함께 이에 대처할 때"[98]라는
것이다.

'자기계발하는 주체'의 폭은 점점 커져갔다. 자기계발 및
처세술 독서문화는 1980년대 초에 이르러 한 번 더 전기를
마련한다. 광주항쟁이 있던 그해 1980년 후반부터 고속으
로 경제가 성장하면서, 언론에서 '처세서'라는 말도 본격적으
로 상용되기 시작한다. 1984년이 되자 '정상에서 만나자', '크
게 놀자', '하면 된다', '지적인 여성', '이기려면 버려라', '사람
을 움직이는 비결' 등을 키워드로 한 처세서의 출판이 부쩍
늘었고, 종로서적과 교보문고엔 '처세술'이란 푯말을 단 전문
코너가 처음 만들어졌다. 거기 전시된 책들은 카네기 처세술
서적과 '유대인 상술', 그리고 '적극적인 사고방식', '사표를
써라' 같은 회사 내의 대인관계 등에 관한 것들이었다 한다.[99]

누적된 경제성장의 힘인가? 아니면 1980년대 초부터 서
서히 밀려든 신자유주의(레이거노믹스·대처리즘과 그 세계화)의
힘인가? 확실한 것은 한국 경제가 1970년대 후반의 끔찍한
토건 개발 붐과 지가 및 물가 상승을 거쳐 다른 단계로 가고
있었고, 그래서 무수한 졸부 '사장님'들과 '성공'에 목마른 샐
러리맨들을 양산하고 있었다는 사실이다. 웹

'근대 수필'은 1920~30년대에도 꽤 활발하게 쓰였고, 유명
작가들의 산문집·서한집·기행문집 등이 인기를 끌기도 했다.
하지만 1960년대의 대중적 붐에 비할 바는 아니었다. 이 시대의
에세이는 '1960년대식' 서구 지향적 지성과 교양의 산물이자
총아였다. 특히 전혜린·이어령·김형석·안병욱 등 젊은 학자-
에세이스트들이 인기를 끌었다.

1970년대에도 에세이 붐은 이어진다. 그런데 교양의 지형 혹은
대중성의 구조 변화 때문에 분위기가 달라졌다. 그것은 '한국 수필'
붐이었다. 1972년 3월《수필문학》이 창간되고, '수필 문단'이라는
단어도 사용되었다. 1976년 3월부터는 범우사의 '에세이 문고'도
나오기 시작했다. 1976년 8월 기준으로 30권까지 간행됐는데, '수필
문고'라고도 불린 범우사 문고본의 문학사·문화사적인 의미는 작지
않다.

첫째, '수필'이라는 말과 수필문학의 가치가 새롭게 조명되면서 한국
산문문학사의 새로운 경지를 일구었다. 이 시리즈는 거개가 한국
문인·지식인·교수 등이 저자였다. 한국 수필문학사의 '정전'으로
국어나 문학 교과서에 실린 작품이거나 또는 그 이후에 그렇게 돼

한국 수필
　붐과
범우
에세이 문고

거의 '국민 수필'이라 할 작품들도 포함돼 있었다. 예컨대 피천득의
〈인연〉, 이효석의 〈낙엽을 태우면서〉, 김진섭의 〈백설부〉, 이양하의
〈신록예찬〉, 윤오영의 〈방망이 깎던 노인〉, 이희승의 〈딸깍발이〉,
그리고 법정 스님의 《무소유》 등이다.

둘째, 문고본으로 간행되어 일상인의 독서문화에 파고들 수 있었다.
각권 150~200쪽 정도의 작은 문고판으로 첫 출시 당시 가격은
280원이었다. 당시 '3천만의 잡지'를 표방했던 《샘터》가 150원
내외, 가장 고급스럽던 잡지 《뿌리깊은 나무》가 550원 정도였다. 이
시리즈는 판매고도 만만치 않게 올려 1980년대에 '범우문고'로 새로
제작됐다.

삶에 대한 (철학적) 관조와 통찰, 문명과 시대에 대한 온건한 비판을
내장한 이런 산문문학은 '교양으로서의 독서'나 '일상사로서의
독서'에 어울리는 것이었다.

출판은 운동, 독서는 저항: 1980년대 ①

'지속'과 '단절'의 독서문화사

1980년대가 남긴 유산은 여전히 많다. 아니, 유산이 아니라 '현재' 그 자체라 어떤 면에서는 지루하고 무척 부담스럽기도 하다. 이제 '87년 체제'는 그 시대가 만든 불완전한 민주주의 질서를, '(3)86세대'는 그 시대가 낳은 독특하고도 독선적인 정치적 주체성을 상징하기도 한다. 영화 〈택시 운전사〉나 〈1987〉처럼 1980년대는 여전히 너무 강하게 살아 있는 신화이거나 '상처'라서, 그 시대의 경험과 기억 자체가 바로 정치적·문화적 자원이 되기도 했다. 오늘날 한국의 여의도 정치 무대의 전면에서 활동하는 많은 '86'들은 물론, 문화계·학계 그리고 시민사회에도 '86'은 계속 힘을 발휘하고 있다.

1980년과 1987년은 지울 수 없는 역사의 구획선을 긋게 한 것임이 분명하다. 그러나 1980년대는 1970년대가 있어

가능했으며, 부정하고 싶다 해도 1990년대는 1980년대와의 연결 아래서 자라났다. '지속'과 '단절'의 변증법을 통해 1980년대를 재평가하는 일은 중요할 것이다. 독서문화사에서도 '지속'과 '단절'로 1980년대를 읽는 일이 필요하다. 1980년대의 독서문화는 앞서 1970년대 후반, 뒤로는 1990년대 초반과 얼마나 같고 다른가?

박정희 체제 말기(1975~1979)에 들며 탄압도 심했지만, 노동운동과 빈민운동이 깨어나고 학생과 지식인 사회 내부에서도 변화의 조짐은 뚜렷했다. 특히 《상황》《뿌리깊은 나무》《씨을의 소리》《대화》등의 잡지에 진즉에 나타난 민중주의는 '창비 대 문지'라든가 '참여 대 순수'의 대립 구도로만 이해될 수 없는 새로운 지적·운동적 흐름을 만들어내고 있었다. 이를테면 잡지사(史) 자체를 바꾸다시피 한 《뿌리깊은 나무》나, 가혹한 억압에도 1만 부 이상의 판매고를 올렸던 《씨을의 소리》에서의 문화적 민중주의와 지성의 동향을 보는 것은 중요하다.

1980년대를 풍미한 사회과학 도서도 1970년대 말부터 꽤 활발하게 읽히기 시작했다. 창비의 책들 외에도 1978년부터 발간된 홍성사 '홍성신서'의 《소유냐 삶이냐》(에리히 프롬) 《불확실성의 시대》(갤브레이스) 《제3의 파도(물결)》(앨빈 토플러) 등이 잘 팔렸다.[100] 1980년대를 대표하는 출판사의 하나가 된 한길사의 '오늘의사상 신서'도 1977년부터 나오기 시작했다. 그중 한국 근현대 역사학의 새로운 흐름을 만들고 1980년대의 대표적인 책처럼 여겨지는 《해방전후사의 인식》(송건호 외)은 1979년 10월에 제1권이 출간되어 1980년 '서울의 봄'에 이르는 6개월간 1만 5천여 권이 판매되었다 한다.[101]

1980년대의 정치사처럼 지성사와 독서사도 어두움에서 시작했다. 그러나 억압이 극심할수록, 다이내믹하고 치열한 저항도 전개된다. 두 가지를 합치면 거대한 희비극 또는 블랙코미디 한 편이 완성된다. 이때 억압과 저항은 비례 관계에 있었다. 때릴수록 민중은 깊은 복수심에 불타며 더 강해졌다. 물론 와중에 피눈물 어린 희생이 따랐다. 결국 '운동으로서의 출판', '저항으로서의 독서'가 꽃핀 한 시절이 펼쳐지고, 1990년대 초반까지 이어진 것이다.*

---

* 1980~1992년 전두환·노태우 정권 동안 구속된 출판인은 110명, 판금·압수된 서적은 1,300여 종에 약 300만 부에 이른다. 또한 서점 주인이 불법 연행된 사례는 전두환 정권 하에서만 48건이고, 16명은 구류, 입건 처분은 6명이라고 한다.(이두영, 《현대한국출판사(1945-2010)》, 문예출판사, 2015, 379쪽)

무서운 말, '의식화'

'의식화'라는 단어는 대학생 자녀를 둔 평범한 중산층 가정이나 레드 콤플렉스를 가진 일반 시민에겐 공포였다. 어쩌면 의식화의 주체이자 대상이었던 대학생이나 노동자 자신들에게도 이 말은 무서운 말이었을 것이다. 물론 공안 세력과 보수 언론이 그 공포를 조장하고 과장했다.

파울루 프레이리 같은 남미의 민중교육론자들이 사용해서 세계적으로 유명해진 이 단어는 1970년대 중반부터 한국 언론에 등장했다. '의식화'(conscientize)는 물론 좋은 말이다. 무의식이나 '무개념'의 상태에 머무르지 않고 세계와 자신에 대해서 자기의식을 가진 존재가 되어, 지배 이데올로기에 찌든 부모나 학교 선생의 영향에서 벗어나는 모험에 나선다는 뜻이다. 이 집단적 모험이 바로 지배체제와 군부독재에 대한 저항이자 민중·민족해방 운동이었다. 자기의식을 갖는다는 것, 거대한 해방의 사상에 지적·윤리적으로 동화된다는 것, 그리고 그것을 타자와 공유하거나 또는 남에게 전하는 것. 1970~90년대 한국 청년·학생 그리고 노동자의 독서는 그런 행위의 다른 이름일 수 있었다.

1986년 당국이 민민투,
자민투로부터 압수한 불법
유인물이라고 발표했던
유인물과 책들.

세미나의 시대, 의식화의 '교양'과 '전공' 독서

그런 자발적 의식화의 교재로 쓰인 책은 시대별로 다르고 수준별로도 달랐다. 문학작품은 주로 초심자용이었는데 박노해·김남주·황지우·신동엽의 시집들과 《난장이가 쏘아올린 작은 공》《태백산맥》(조정래)《무기의 그늘》(황석영) 등도 '교양 필독'의 목록에 있었다. 《어머니》(고리키)《사이공의 흰옷》(구엔 반 봉) 등 외국 문학작품과 《아리랑》(님 웨일스)도 꾸준히 읽혔다.

《철학에세이》(조성오)《전태일 평전》《페다고지》(파울루 프레이리)《아무도 미워하지 않는 자의 죽음》(잉게 숄)《해방전후사의 인식》《죽음을 넘어 시대의 어둠을 넘어》(황석영) 같은 책은 1980년대 내내 읽혔다. 그러나 《전환시대의 논리》《난장이가 쏘아올린 작은 공》은 1980년대 초까지는 실로 엄청난 역할을 했지만 1980년대 후반에는 위상이 작아졌다. 《어느 돌멩이의 외침》《소외된 삶의 뿌리를 찾아서》(정인)《민족경제론》(박현채) 같은 책도 주로 1980년대 초반에 읽혔던 책이다.

《다시 쓰는 한국 현대사》(박세길)《껍데기를 벗고서》《거

꾸로 읽는 세계사》(유시민)《청년이 서야 조국이 산다》(조진경)
같은 상당히 '대중적인' 신입생용 '의식화 교재'는 1980년대
후반에야 나타났다.《철학의 기초이론》《사적 유물론》《자본
주의 경제의 구조와 발전》같은 동유럽산 '교과서'도 마찬가
지다.

  수준별로는 어떤가? 변증법적 유물론·사적 유물론 서적
을 '학습'하고 난 뒤에는 좀 더 본격적인 정치경제학 책이나
《사회구성체론과 사회과학방법론》(이진경)을 읽고, 마르크
스·엥겔스·레닌의 '원전'으로 나갔다. 그중에서도《루드비
히 포이에르바하와 독일고전철학의 종말》《공산당선언》같
은 몇몇 책은 '교양'에 속해 있었다.

  6월 항쟁 이후 검열체제가 급속히 느슨해지자 1987~
1989년 사이에《공산당선언》《임노동과 자본》등이 포함된
《맑스·엥겔스 저작선》(거름, 1988)과《독일 이데올로기》(청년
사, 1988), 그리고《무엇을 할 것인가》가 든《레닌 저작선》(거름,
1988)《레닌 전집》(전진, 1989~) 같은 책들이 쏟아져 나왔다.(물
론 일부는 이전부터 복사물의 형태로 나돌았다.) 국내 사회과학자들
의 역량도 커져 있어서, 이 시기에 김수행 교수의 역본《자본
론》이라든가《현실과 과학》(새길, 1988) 같은 잡지도 나왔다.

1980년대 말이 되면《노동해방문학》《노동자의 길》《노동계급》같은 '전위' 조직의 기관지들도 대학가 서점에 굴러다니던 때다. 이런 '전공' 책을 접한다는 것은 조직론과 사회구성체론 같은 복잡한 이론적 논의를 습득해 좀 더 본격적인 '운동권'이 되어간다는 것을 의미했다.

자주파(NL)가 되는 길을 걸은 대학생들의 경우,《강철서신》을 거쳐 학년이 높아지면 주로 항일무장투쟁사와 주체사상에 관한 책을 읽었다. 1980년대 말에는 북한 책들도 대거 수입 간행되었다.《김일성 선집》(대동, 1988)《조선노동당략사》(돌베개, 1989)를 위시하여《꽃 파는 처녀》(아침, 1989)《한 자위단원의 운명》(황토, 1989) 등 문학작품도 나왔다. 북한사회과학원에서 낸《조선전사》(푸른숲, 1988~1989)와《민중의 바다》(원제 '피바다', 한마당, 1988) 등은 1만 부 규모의 판매고를 기록했다 한다.[102] 대규모의 '북한바로알기운동'(1988)이 벌어지고, 임수경의 방북(1989) 등 통일운동의 물이 한껏 올랐던 시절이기도 했다.

청춘들의 '함께 읽기'

혹 오늘날의 젊은 세대가 오해할까봐 덧붙이는데, 여기서 말하는 '교양'과 '전공'은 물론 비유다. 이 '교양'과 '전공' 커리큘럼은 교수들이 모아 짜놓은 것이 아니다. 각종 학회와 동아리 같은 대중적이고 공개적인 단위나, '티'(t) 혹은 '패밀리'(fam) 등의 이름을 가진 비공개 모임들에서 통용되고 발전한 것들이다. 이는 선후배가 뒤섞인, 그리고 학과와 단과대학의 경계를 넘어선, 학생들이 운영하던 온갖 조직들의 자율 학습 프로그램에서 나온 것이다.

이런 자발적·공동체적 책 읽기의 시대가 처음은 아니었다. 그러나 세미나에 참여할 수 있었던 인구의 규모와 질은 그 어느 시대도 1980년대와 비교하기 어렵다. 이른바 '명문 대생'부터 '삼류 대학생'까지, 동북 끝 강릉에서 서남단의 제주도까지, 대학뿐 아니라 공장·야학·교회·사찰에 다니던 셀 수 없이 많은 청춘들이 '세미나'에서 같이 읽었다. 심지어 대입 재수학원 종합반 동기들의 독서 모임도 있었고, 고교 동문회에서도 학습 팀을 운영하는 경우도 있었다. 팀원들 중에는 원래 숭고한 영혼을 가진 이들도 있었겠지만, 시대의 기운이 아니라면 변혁과는 전혀 무관한 삶을 살(또 결국 그렇게 된) 소심하고 비루한 영혼을 가진 자들도 함께 포함되어 있었다. 가히 '책과 혁명'의 시대였기 때문이다. 그랬으니 '사회과학의 시대'나 '문학의 시대'는 저절로 따라 이뤄진 것이 아니겠나.

저 '함께 읽기'야말로 1980년대식 책 읽기가 지닌 정치성의 핵심이며, '자유'의 다른 이름이다. 대통령과 교육부 장관, 그리고 학교 선생과 부모들이 읽지 말라고 금지한 것을 꼭 읽는 것, 기실 그 어른들은 겁이 나서 읽어보지도 못한 것, 간혹 읽다가 잡혀가는 것, 읽고 흥분하여 정부와 어른들을 향해 돌 던지게 하는 것, 숨기고 불태워야 하는 것. 그런 것을 길거리에서 어깨 겯듯, 함께 읽은 것 말이다. 그것은 일부 억압성도 함유한 거대한 집합성이었다.

기성세대와 보수 세력은 이에 대한 대응에 골몰했다. 대학에서도 국사·국민윤리·교련 같은 과목들을 통해 반의식화 우경화 교육을 실시했으나 효과가 없었다. 왜? 대학생과 노동자들이 함께 읽은 책의 헤게모니는 지적 헤게모니라기보다는 윤리적 헤게모니였기 때문이다. 천

아직 '그것'을 가진 한국 사람은 거의 없었다. 어디에 쓰는 물건인지 정확히 모르는 사람도 많았다. 그러나 소문은 무성히 들려오고 있었다. 1982년 연말, 미국《타임》지는 '올해의 인물'로 사람도 아닌 '그것'을 선정했다. 바로 컴퓨터였다. 그해 미국에서는 280만 대가 넘는 개인용 컴퓨터가 팔려 나갔다 한다. 물론 일본도 새로운 시장 개척 경쟁에 뛰어들었다.

물결은 곧 한국에 밀려들어왔다. 1983년엔 삼보컴퓨터가 세계적으로 유명한 잡스의 애플 II 를 복제한 제품을 내놓았고, 서울을 중심으로 학원에서 컴퓨터를 배우는 '초딩', '중딩'이 부쩍 늘어났다.

사실 1980년대 출판과 독서문화를 둘러싼 환경의 변화에서도 가장 중요한 요인은 테크놀로지의 발전이었다. 이를테면 복사기가 일반화되어 대학가의 학습 문화와 미디어 생산의 환경이 크게 달라졌다. 반정부 유인물이든 '빨간 책'이든, '운동권'들은 안기부와 전두환이 싫어하는 건 뭐든지 복사해서 뿌려댔다.

전산화(computerization) 또는 자동화(automation)는 시대의 화두 또는 트렌드였다. 1981년 출범한 교보문고는 국내 최초로

컴퓨터와
　독서·출판문화의
변화

대형 컴퓨터(IBM370)를 사용해서 취급하는 모든 도서를 판매부수·종류·출판사별로 분류하고, 거래와 대금 지불에 관한 업무를 처리했다. 그 결과의 하나가 교보문고 베스트셀러 집계 발표였다고 할 수 있는데, 그 의미는 상당히 컸다. 어떤 책이 베스트셀러라는 사실이 베스트셀러가 되는 가장 큰 이유이기 때문에, 공신력 있는 집계는 독서문화 전체에 영향을 끼쳤다. 그리고 1982년 국립중앙도서관은 소장 도서 목록을 전산화하겠다는 계획을 발표했다.

컴퓨터 조판술이 도입되고 전자출판의 화두가 나오는가 하면 북디자인 개념이 새롭게 전개된 것도 1980년대다. 1970년대부터 확대되고 있던 가로쓰기의 도입도 중요한 기술적 환경 변화와 관계 깊은 것이었다. 이런 시대였기에 테크놀로지라면 가장 무딘 한국 작가들 중에서도 타자기로 글을 쓰기 시작한 사람들이 나타나기 시작했다는 것은 '애교' 정도에 속하는 일이었을 것이다. 곧 모든 이들이 워드프로세서로 또는 컴퓨터로 글을 쓰는 시대가 도래할 예정이었다.

의협의 시대:
1980년대 ②

광주항쟁과 무협지적 세계의 형성

　　고백건대, 청소년기 내 독서의 대부분은 무협소설과 만화가 차지했다. 그냥 있는 그대로의 사실이건만 '고백'이라는 말을 써야 할 정도로 무협소설과 만화책 읽기란 왠지 부끄러운 일처럼 느껴진다. 대개 무협지와 만화 따위를 읽는 것은 지성과 교양을 함양하기는커녕 오히려 그것을 갉아먹는 저열한 취미로 여겨지기 때문이다. '호환, 마마' 취급을 받던 무협지와 만화는 진정 '마음의 양식'이 될 수 없었던 걸까?

　1980년대의 많은 이들이 만화와 무협지, 할리퀸 문고와 하이틴로맨스를 비롯하여 미스 마플과 푸아로, 셜록 홈스와 괴도 뤼팽이 활약하는 추리소설을 탐독하며 청소년기를 보냈다. 이를 통해 연애와 에로스를 배웠고, 선/악을 분별하는 감성체계를 형성하였다. 이를테면 분단 시대의 역사를 다루어 100만 부 이상이 팔린《해방전후사의 인식》이 한국사회에 끼친 영향은 실로 중요하지만, 이현세의《사자여 새벽을 노래하라》(1987)와《남벌》(1994), 허영만의《오! 한강》(1987)과 같은 만화책이 대중에게 아로새긴 근현대사의 역사상도 못지않은 의미가 있다.

그 시절 어떤 이들은 해적 출판된 이케다 리요코의《베르사이유의 장미》와《올훼스의 창》을 통해서 프랑스와 러시아의 혁명사를 습득했고, 김혜린의《북해의 별》(1983)의 주인공 유리핀 멤피스에게서 진정한 혁명가의 자세를 배우기도 했다. 또한 오혜성, 이강토, 최강타 등이 스포츠와 재벌가를 넘나들며 보여주었던 생의 투쟁과 활기는 현실 세계 청년들의 가열찬 삶을 비추는 거울이었다. 무협소설과 만화에서부터 현재의 환상문학과 SF물에 이르기까지의 장르문학은 진지한 관심을 받을 만한 하나의 당당한 문화이다.

1980년대는 무엇보다 '무협의 시대'였다. 오해를 무릅쓰고 말하자면, 1980년대는 시대 자체가 '무협지적'이었다. 유하의 시〈무림일기〉(1988)는 1980년대가 "꽃잎도 혈편으로 흐드러졌고 봄비도 피비린내 나는 살점으로 튀었던" '하남의

1980년대에 인기를 끌었던 만화들.
무협소설과 만화, SF물에 이르기까지
장르문학 역시 현실 세계의 치열한 삶을
비추는 당당한 하위문화이다.

대혈겁'(광주항쟁)으로부터 시작되었다는 사실을 무협지의 언어로 표현한 바 있다.[103] 정의로운 자, 그 피바람을 보고 어찌 사파(군사정권)와 타협할 수 있었겠는가? 이후 야만적 압제 속에 억울한 죽음들이 이어졌다. 불의한 정권에 저항하며 수많은 젊은이가 학생회관 옥상에서, 대강당 지붕에서, 밧줄 하나에 몸을 의지하고 싸웠던 그 시절은 모더니티의 세계가 아니라 그대로 '무협지적 세계'였다.

애초에 '협(俠)'은 '사람' 인(人)과 '겨드랑이에 낄' 협(夾)자가 더해진 글자다. 그것은 그 모양만으로도 약한 사람을 끼고도는 행위이자 그런 사람을 의미한다. '협'은 약자를 위한 정의로운 일에 자신의 목숨까지도 내거는, '초월'과 '영원 지향'의 정신이라고 할 만하다. 사마천은 《사기》의 〈유협열전〉편에서 유협의 정신을, "자신의 몸을 버리고 남의 위급에 뛰어들 때는 생사를 돌보지 않는다"고 적고 있다. 이러한 '협'의 정신은 독재정부 타도와 혁명을 꿈꾸었던 1980년대 운동 세대들의 정신구조와도 닮아 있다. 미국문화원과 민정당사 점거 등 이른바 선도투쟁을 했던 학생들의 영웅적 행위는 불의한 위정자들에 맞서 도탄에 빠진 백성을 구하는 일종의 '협'의 실현이었다.

무협지가 직접적으로 시대와 얽히는 필화 사건도 있었다. 연세대생 박영창은 1980년 가을 《무림파천황》이라는 창작 무협지를 발표했다. 이 소설은 절정의 무공을 익힌 주인공이 부모의 원수를 갚고 혼란한 강호를 평정한다는 무협소설의 정석을 따른 작품이다. 그는 '한국사회연구회'라는 서클에서 활동했는데, 학회의 한 선배가 남민전(남조선민족해방전선준비위원회) 사건에 연루되어 안기부에서 조사를 받고 훈방된 적이 있다. 이후 이 책의 사상이 의심스럽다는 신고가 보안사에 접수되고 안기부 훈방 건이 겹치면서, 박영창은 1981년 구속되어 2년여의 실형을 살았다. 소설 가운데 정파와 사파가 벌이는 대결 구도를 변증법적 대립과 모순으로 설명한 부분, '강북 무림'이 '강남 무림'을 향해 '남진'을 주장한 부분 등이 국가보안법에 저촉된다는 죄목이었다. 무협지 안쪽의 '사파' 들이 현실로 튀어나와 횡행하던 시대의 삽화라 할 만하다.

1980년대 협객들을 위한 송가,
김영하의 《무협학생운동》

        1980년대의 시대 상황을 무협으로 재현한 흥미로운 작품도 존재한다. 한국문학을 대표하는 작가 중 하나인 김영하의 실질적인 데뷔작인 《무협학생운동》[104]이 그것이다. 이 소설은 1980년 5월 광주로부터 1987년 6월 항쟁까지의 1980년대 학생운동사를 무협소설 형식으로 극화하고 있다. 같은 강의실에서 공부하다 1987년 6월 이후 '영원한 이름'이 된 이한열에게 헌정된 이 작품은, 가벼워 보이는 무협의 형식을 차용하여 무거운 주제를 경쾌하게 다루는 성공적인 서사 전략을 선보인다.

    소설에서는 강호를 지배하는 악의 무리로 독두마왕 전두, 노갈, 보안 마귀, 안기 마귀가 있으며, 그 수하에 일마두 삼청교대, 이마두 암살 공자, 삼마두 공작왕, 사마두 도청자, 오마두 임시 동행자, 그리고 백건단 등이 자리한다. 여기에 맞서 싸우는 주인공 류와 초아는 연희방 출신의 정파 무사들로 각각 초민선사와 강철대사라는 무림의 고수들을 만나 새로운 방파를 만든다. 초민선사와 초아의 방파는 서역에서 변증 창

(槍)과 유물 검을 이어받은 민민방이며, 강철대사와 류의 방파는 일성 천존의 주사 신공을 받드는 자민방이다.

작가는 전두환·노태우를 중심으로 한 군사정부의 폭압적인 권력기구(보안사·안기부)를 무협지적 명명으로 형상화하고, 이에 대항하는 학생운동의 흐름을 '민민투'(반제반파쇼 민족민주 투쟁위원회)와 '자민투'(반미자주화 반파쇼민주화 투쟁위원회)의, CA(제헌의회Constitutional Assembly)와 NL(민족해방National Liberation)의 노선으로 대립시키고 있다. 초민선사와 강철대사는 각각 두 그룹의 이론가였던 최민과 강철(김영환)을, '변증 창, 유물 검'과 '주사 신공'은 각각 레닌주의와 주체사상을 뜻한다. 이 소설은 복잡한 현실의 다양한 맥락을 지나치게 단순화한 아쉬움도 남지만, 당대를 명료하게 요약하는 힘을 지니고 있다.

정파의 무사들과 민초들은 힘을 합해 '독두마왕 전두'의 강호 지배를 끝냈다. 하지만 현실 속 전두 마왕은 단죄되지 않고, 재산이 29만 원뿐이며 광주의 혈겁도 자기 잘못이 아니라는 뻔뻔함으로 가득한 자서전까지 출간했다. '강호의 도'란 과연 존재하는 것일까?

1980년대의 시대 상황을
무협으로 재현한
김영하의 실질적인 데뷔작
《무협학생운동》과
한국 무협소설 사상 초유의
필화 사건을 야기한
박영창의 《무림파천황》.

1980년대의 시대 상황과
맞물려 폭발적인 인기를 끌면서
최초의 밀리언셀러로 기록된
김홍신의 《인간시장》과
대만 작가 김용의 무협소설
《영웅문》.

속류화된 '협'의 서사, 《인간시장》

　　　　1980년대 초반의 인기 소설인 김홍신의 《인간시
장》(제1권, 1981)도 무협지적 시대상과 감수성의 기반 위에서
만들어진 베스트셀러라고 할 수 있다. 대중문화 영역은 현실
에서의 억압이 강화될수록 그것을 상상적으로 해소할 수 있
는 문화 형식을 필요로 한다. 절대고수 '장총찬'이 악을 철저히
응징하는 활약상을 그린 《인간시장》은 이러한 대중적인 감수
성에 부응하여 밀리언셀러가 되는 폭발적 반응을 일으켰다.

　칼럼니스트 양평은 이 소설을 '현대판 홍길동의 활약'으로
비유한다. 태평성대의 대중은 홍길동을 기다리지 않는다. 부
패한 탐관오리들이 득세하는 부정한 사회에서 홍길동은 비
로소 의미를 지닌다. 1980년대 초 세상을 떠들썩하게 했던
'대도(大盜) 조세형' 사건 때 많은 이들은 고관대작의 집에서
나온 5캐럿짜리 물방울 다이아몬드에 분개했고, 도둑질한 물
건들을 가난한 이에게 나누어준 조세형을 의적이라 수군댔
다. 그가 탈출했을 때에는 은근히 잡히지 않기를 기대한 이도
많았다.[*] 이처럼 부정부패와 탐관오리를 징치하는 영웅을 갈
망하는 시대감수성이 《인간시장》 인기의 배경이었다.

그렇다면 이 소설의 '장총찬'은 사회의 구조적 악을 해결
하는 진정한 영웅이었을까? 소설은 순진한 시골 처녀들을
꼬여 매춘굴에 파는 '인간시장' 조직, 광신적인 교리의 사이
비 교단 등 각종 사회악을 해결하는 장총찬이라는 초절정
고수의 활동에 초점이 맞추어져 있다. 일본, 프랑스, 인도 등
을 누비는 이 현대판 무협활극의 주인공은 비판적으로 보자
면 당대의 진정한 악의 근원들과 맞선다기보다는 제5공화
국의 구호였던 '정의사회 구현'을 혼자 힘으로 실현하는 인
물이다. 당시 민족·민중문학 진영의 비평가들은《인간시장》
이 사회악을 고발하는 것 같지만 내면적으로는 사회악을 흥
밋거리로 삼고 있다고 비판하는 입장을 취했다. 그렇지만 그
시절 많은 이들이 '협객' 장총찬이 벌이는 사회악에 대한 통
쾌한 징치에 열광하며 사회적 정의감을 충족시킨 것만은 분

● 당시의 한 신문은 조세형이 "어디까지나 남의 물건 훔친 도둑일 뿐"
이라며, "일부 시민 가운데 조(趙)에 대해 동정심을 보인 분위기가 있
던 것을 부인할 수 없으며 또 조가 탈주했을 때 야릇한 심정으로 도주
극을 지켜본 시민이 있었다는 것은 그대로 지나쳐버릴 수 없는 심각한
문제"라고 정색하며 비판하는 기사를 확인할 수 있다.(〈조세형을 보는
개탄스런 시각〉,《경향신문》, 1983. 4. 23)

명한 사실이다.

《인간시장》은 한국 출판 역사상 공식적으로 집계된 최초의 밀리언셀러였다. 출간 2년 만인 1983년에 100만 부를 돌파했고, 제5권은 초판을 13만 부 제작했다. 당시 교도소에 수감되어 있던 죄수들까지 장총찬의 파노라마식 활약상을 통해 대리만족을 경험했다. 《인간시장》을 다 읽어버려 아쉬움이 남은 죄수들은 자연스럽게 황석영의 《장길산》을 읽었다고 한다. 이어서 교도소 방마다 "장총찬과 장길산 형님이 맞짱 뜨면 누가 이길까" 같은 토론이 이루어졌다.[105] 이 또한 역사소설과 대중소설의 영역을 관통하는 당대의 시대적 감수성의 핵심에 '협'이 존재했다는 사실을 방증하는 작은 에피소드라고 할 수 있다.

1980년대를 강타한 정통 무협,《영웅문》

1986년 한국의 무협소설 독서사에서 사건이 일어났다. 홍콩을 주무대로 무협소설을 발표하던 대만 작가 김용의 《영웅문》이 고려원에서 발간된 것이다. 김용의 '사조 3부

작'으로 일컬어지는《사조영웅전》《신조협려》《의천도룡기》
는 1957년부터 발표되기 시작하여 무협 작가 김용을 알리는
계기가 된 작품들이다. 고려원은 이 3부작을 축약해 소설《영
웅문》(1부 '몽고의 별', 2부 '영웅의 별', 3부 '중원의 별', 총 18권)으로 펴
냈다.

이 작품은 남송 시기부터 원을 거쳐 명나라 건국 직전까
지의 긴 역사를 배경으로 한다. 한족과 이민족 간 대립과 투
쟁이라는 실제의 역사적 사실에 정파와 사파의 대립, 협객과
미녀들의 로맨스로 소설적 재미를 키웠다. 중국 역사를 배경
으로 한 한 편의 방대한 대하 역사소설로, 역사에 대한 지식
을 제공해주는 한편으로 '신필(神筆)'로 불리는 김용의 문체
와 탄탄한 서사가 소설 읽는 재미를 더욱 극대화했다. 소설
은 800만 부 이상 팔려 나갔다고 전한다.

일찍이 비평가 김현은 1960년대 무협소설을 중산층의 현
실도피와 허무의식의 산물로 신랄하게 비판한 바 있다. 그러
면서도 서구 성장소설의 구조와 비슷한 무협소설의 서사 구
조적 특징을 읽어내는 통찰을 선보였다.[106] 파란만장한 수업
시대와 편력시대를 거쳐 원숙한 인간으로 성장하는 괴테의
《빌헬름 마이스터의 수업시대》와, 온갖 시련을 겪으며 기연

을 만나 비급을 연마하여 무림의 절대지존이 되는 무협의 서사는 흡사한 측면을 지닌다. 이를테면 《사조영웅전》의 주인공 '곽정'은 우둔한 자질 때문에 고난 속에 더디게 성취를 이루면서도 남의 어려움을 외면하지 않는 진정한 협사로 성숙해간다. 자신의 이익을 위한 무공은 결코 사용하지 않으며 대의를 위해 헌신하는 의로운 인물 '곽정'을 통해 올바른 삶의 길을 계도받은 이들도 적지 않을 것이다.

대중에게 사랑받아왔던 무협지와 만화에게 이제 그에 합당한 자리를 마련해줄 때가 되지 않았을까? 정예전에 서점은 책과 사람뿐만 아니라 사람과 사람 사이를 이어주는 공간이기도 했다. 1980년대를 전후한 시기에는 거의 모든 대학 주변에 작은 인문·사회과학 서점들이 있었다. 그곳은 운동권만이 아니라 모든 학생들의 사랑방이었다. '삐삐'도 핸드폰도 없던 그 시절, 저녁나절이면 서점 창문에 붙은 간이게시판에는 약속 장소를 알리는 형형색색의 포스트잇이 나부꼈다. 'ㅇㅇ과 개강총회 ㅁㅁ로', 'ㅿㅿㅿ 생일파티 ㅁㅁ로' 등등. 약속 장소를 확인한 후 서점에 들어가 책을 한 권 사들고 첫 속지에 때로는 좋아하는 마음을 수줍게 숨겨둔 문장을, 또 때로는 사회를 위해서 헌신하자는 멋진 다짐을 써서 생일잔치 장소로 향했던 추억을 떠올리는 사람이 나만은 아닐 것이다. 2016년 이후 대도시의 작은 서점 붐은 옛 서점들에 대한 향수를 배경으로 한 것인지도 모르겠다.

그 시절 이러한 서점 문화의 경험은 대학생만의 것은 아니었다. 시민들도 자기 지역의 서점에서 책과 사람을 만났다. 규모에서는 1981년 개점한 교보문고나 1990년대에 문을 연 영풍문고에 뒤졌지만 오랜 역사를 지니고 대중의 애호를 받았던 추억의 서점으로 종로서적을 빼놓을 수 없다. 1907년 서울의 중심

"우리, ————————
　종로서적에서
만나요"

종로 복판에 '예수교서회'라는 이름의 기독교 서점으로 출발한 종로서적은 주변 대형 서점 및 인터넷 서점과의 경쟁으로 경영난을 겪다가 월드컵 열기가 달아오르던 2002년 6월 부도 처리되었다. 출판업계에서는 종로서적을 살리려 노력했지만 무산되었다. 2016년 9월 종로타워 지하 2층에 동일한 이름으로 재개장을 했지만, 경영자도 위치도 다른 새 서점이 과연 전통의 '종로서적'이냐는 정통성 시비에 휘말리기도 했다.

그 시절 많은 이들이 친구 혹은 애인 등 정겨운 이들을 만나러 종로서적으로 설레고 바쁜 발걸음을 옮겼다. 종로서적은 한 세기 가까운 세월 동안 시민들이 책과 사람을 만나는 소중한 명소였다. 대학가와 마을의 작은 서점들, 100년 전통의 서점을 지켜내지 못하는 현실, 국민소득 3만 달러 구호가 울려 퍼지는 우리 시대의 부끄러운 문화적 초상은 아닌지 반문하고 싶다.

'중간층 대중독자'의 독서: 1980년대 ③

'회색인'의 방황과 좌절, 강석경의 《숲속의 방》

돌이켜보면 1980년대 후반 한국의 변혁운동 열기는 세계사의 조류와는 맞지 않는 현상이었다. 이 시절은 소련의 페레스트로이카, 중국의 톈안먼 사건, 동유럽의 격동 등 현실 사회주의 체제가 붕괴하던 때였다. 그렇지만 당대 한국의 운동 세대들은 "더 많은 사회주의로서의 페레스트로이카"[107]를 운위할 만큼 낙관적 전망을 가지고 있었다. 한국의 급진적 변혁운동이 꿈꾼 전망의 최종심급에는 교조화된 사회주의 이념이 자리하고 있었다. 물론 그것은 '현실'의 반영이기도 했다.

당시 급진화된 운동 풍토에서 서구의 사회민주주의나 신좌파 등은 개량주의, 소시민주의라는 이름으로 간단히 도외시되었다. 영어가 쓰인 티셔츠와 한잔의 콜라가 비난받던 시절, 개성의 추구는 즉각 부르주아
개인주의와 리버럴리즘이라는 비
판에 직면하기도 했다. 1987년을
전후하여 공동체주의는 그 정점에
올랐지만, 그 저류에서는 억압된 개
인성에 대한 강한 희구가 동시에 공
존하고 있었다. '개인'과 '내면'으로
의 회귀는 1990년대 들어서 갑자기
돌출한 것이 아니다.

《숲속의 방》 초판.

　강석경의 《숲속의 방》(1986)은 1980년대 집단주의와 개
인성의 갈등을 잘 보여주는 작품이다. 민음사의 '오늘의작가
상' 제10회 수상작인 이 소설은 대학가에서 애독되며 1986
년도의 베스트셀러가 된다. 작품은 부르주아 가정의 셋째 딸
인 불문과 대학생 '소양'이 자신의 환경을 수락하지도, 운동
집단에 속하지도 못하고 정신적 방황을 하다가 자살에 이르
는 과정을 서술자인 언니 '미양'이 추적하는 형식을 취한다.

　비틀스의 패널이 걸려 있는 그녀의 '방' 낡은 전축에서는
레너드 코헨의 〈파르티잔〉이 흘러나오고, '소양'은 보들레르
와 카뮈를 읽어가며 유미적인 자기 세계에서 살아간다. "신

문지상에 일단짜리 학원기사가 시대의 밑반찬으로 연일 오르내리"[108]는 상황에서 대학생이 되고부터 그녀의 방황은 본격화된다. 부유한 속물적 부모에게 반항하며 부르주아 이데올로기를 거부하지만, 그렇다고 운동에도 적극적으로 투신하지 못하는 그녀는 어디에도 동일화되지 못하는 '아웃사이더'이다.

그녀는 자신 속의 부르주아적 속성을 부수고 싶어 호스티스가 되는가 하면, 삶의 진실을 채워줄 '무엇'인가를 찾아 종로의 밤거리를 헤매 다닌다. 그녀는 집단주의라는 '숲의 아우성' 속에서 안식할 수 있는 진정한 개인의 '방'을 찾아 헤매다 결국 좌절하고 만다. "운동하는 건 좋은데 다른 고통, 갈등도 포용하고 인정해야 한다. 너희들만 의식 있는 인간이고 진실하다고 생각하는 건 오만이고 너희들이 대항하려는 체제만큼 비인간적"[109]이라는 그녀의 항변은 1980년대 운동이 억압하고 있던 또 다른 목소리를 들려준다.

구로동맹파업에 참여했던 '학출' 노동자 서혜경의 기억은 운동권 속에 실재했던 '소양'의 한 면모를 보여준다. 중산층 가정의 딸로 서울대 사범대에 다니다 노동운동에 투신했던 그녀는 "잠 잘 때 잠옷을 갈아입었고, 파마를 해도 빠글빠글하게 못 했으며, 책이란 책은 다 버리고 최소 생필품만 갖고 살면서도 셰익스피어 작품인《햄릿》과 스타인벡이 쓴《생쥐와 인간》이라는 문고판을 한구석에 끼고 살았"다며, 이른바 투철한 민중성과 불화하던 자신의 취향이 '계급적 징표─원죄'처럼 간주되었다고 고백한다.[110]

'소양'의 비극과 비슷한 듯 다른 죽음이 현실에서도 일어났다. 1986년 5월 말, 서울대 국문과 4학년생 박혜정이 한강에서 익사체로 발견된다. 운동의 길에 철저히 투신할 수 없는 자신을 자책하던 그녀는 이재호, 김세진에 이어진 서울대생 이동수의 분신을 직접 목격한 후 "더 이상 죄 지음과 빚짐을 감당할 수 없다"는 글을 남기고 자살했다. 한 보수 언론은 생전에 그녀가 친구들에게 했다는 "5월은 회색인으로 살아가기는 어려운 달"[111]이라는 말을 빌미로 '회색인 대 운동권'이라는 대립 틀 속에서 급기야 박혜정을 현실의 '소양'으로 묘사했다.

여러 열사들의 분신과 '건국대 사건'* 등에서 알 수 있듯이, 1986년 전후는 정권 연장을 획책한 독재 권력의 탄압이 극심해진 때다. 탄압에 비례해서 '민주화운동'은 더욱 급진화하고 민중화하며 조직화되었다. 윤리적 내면을 가지고 있었지만 운동의 삶에 전적으로 투신할 수도 없었던 박혜정의 죽음은 이러한 배경 속에서 생긴 시대의 비극이었다.

'1987'의 또 다른 주인공 1 : 이문열과 '아웃사이더'

　　1980년대는 이문열의 시대였다고 해도 지나친 말이 아니다. 이문열은 《사람의 아들》(1979) 이후 《그해 겨울》(1980) 《젊은 날의 초상》(1981) 《황제를 위하여》(1982) 《금시조》(1983) 《영웅시대》(1984) 《요서지》(1986) 《구로아리랑》(1987) 《추락하는 것은 날개가 있다》(1988) 《변경》(1988) 《필론의 돼지》(1989) 등 거의 매년 소설집 및 장편을 출간했고 간행된 작품마다 화제를 몰고 왔다.

● 1986년 10월 28일부터 10월 31일까지 대학생 2천여 명이 건국대에 모여 애학투련(전국반외세반독재애국학생투쟁연합) 결성식을 갖던 중 교내로 진입한 3천여 명의 경찰과 나흘간 대치하던 끝에 총 1,525명이 연행되고, 그중 1,289명이 구속된 사건. 단일 사건으로는 건국 이래 최대 규모의 구속자를 낸 사건으로 유명하다.

1980년대 내내 그의 소설은 베스트셀러 목록에서 빠지지 않았는데, 특히 거리의 열기가 최고조였던 1987년에는《사람의 아들》《레테의 연가》《젊은 날의 초상》《우리들의 일그러진 영웅》등이 한꺼번에 베스트셀러에 오르는 기염을 토했다. 지금은 이문열의 발언에 귀 기울이는 이가 많지 않지만, 1990년대 중반까지도 그는 여러 독서 관련 설문에서 선호하는 국내 작가 1위의 자리를 굳건히 지켰다.

1980년대에 이문열이 이토록 열독된 이유는 무엇일까? 이문열 작품에 대한 뜨거운 반응은 풍부한 이야기성, 독특한 문체 등 다양한 이유가 있을 것이다. 그중에서 특히 이문열 소설의 주인공이 풍기는 독특한 분위기와 태도에서 그 이유를 찾을 수도 있겠다. 이문열의 주인공들은 '시대와의 불화'—타락하고 비속한 세계와 결국 거기서 살아갈 수밖에 없는 자기 자신에 대한 냉소와 비하가 뒤섞인 감정을 표출한다. 그의 주인공들은 진정성을 추구하며, 속물적인 주류적 가치와 운동·이념의 집단적 도그마 양쪽 모두와 불화하는, 고유한 개별성이 강조되는 '아웃사이더'이다. 1980년대의 독자들은 이 냉소와 자기비하라는 변형된 나르시시즘적 현학이 풍기는 정조에 열렬히 반응했다.

1980년대는 가히 이문열의
시대였다고 해도 과언이 아니다.
'시대와의 불화' 속에 속물적인 주류
세계와 운동·이념의 집단적 도그마
양쪽 모두와 불화하는, 냉소와
자기비하의 변형된 나르시시즘적
현학이 풍기는 이문열 소설의 정조에
중간층 대중독자는 열렬히 반응했다.

한 대학생의 정신적 방황과 성숙을 그린 《젊은 날의 초상》은 이러한 나르시시즘적 현학과 아웃사이더적 특징이 잘 드러나 있는 소설이다. 주인공 영훈은 기성의 질서와 가치에 불화하는 인물이며 고통스런 방황을 거쳐 성장한다. 영훈의 방황과 성장을 중심으로 하는 이 소설의 서사는 사실 한국의 독자들에게 가장 익숙한 성장소설의 문법을 충실히 따르고 있다. 서구적 교양과 관념 편향이 합쳐진 설익은 지식인 영훈은 방랑의 끝에서 '창수령' 설경의 아름다움과 대면하며 삶의 가치를 깨닫고 평범한 일상과 생활로 돌아갈 힘을 얻는다.

지나친 현학과 관념성에 가려져 있지만, 이 소설이 보여주는 정치와 운동에 대한 냉소와 환멸도 각별히 강조될 필요가 있다. 소설의 시간은 4·19의 전설이 여전히 캠퍼스를 뒹굴고 있으며 3선 개헌 반대운동이 시작될 1969년 즈음이다. 소설의 인물들은 이러한 1960년대 운동의 흐름에 잠깐 몸담은 듯하지만 곧 '참여'와 '민중'의 개념에 냉소한다. 적당한 교양으로 가려져 있지만 이 작품의 배경에는 이념 혐오가 자리하고 있다. 이문열의 소설은 일상을 긍정하는 중산층 독자들에게 탈정치의 알리바이와 더불어 감상적인 위안을 주었다. 이러한 맥락에서 보자면 이 작품은 1960년대 말

일본 '전공투'(전학공투회의全學共鬪會議) 세대의 좌절의 아픔과 삶의 허무를 다룬 무라카미 하루키의《상실의 시대》(1989)의 감수성과도 비슷한 측면을 갖고 있다. 1980년대 말과 1990년대 초로 이어지는 이문열과 하루키 독서열은 중간층의 이탈에 따른 변혁운동의 급격한 쇠퇴로 이어질 징후적 현상은 아니었을까.

'1987'의 또 다른 주인공 2: 서정윤의《홀로서기》

1987년도 최대의 베스트셀러는 서정윤의《홀로서기》와 도종환의《접시꽃 당신》이다. 1988년에도 베스트셀러의 1, 2, 3위를《홀로서기》《마주보기》(에리히 케스트너)《접시꽃 당신》등 세 권의 시집이 석권하는 시 선풍이 이어졌다. 인문 분야 베스트셀러 20위까지의 총 판매부수가《홀로서기》와《마주보기》를 합한 것보다 적을 정도였다.《홀로서기》는 1988년의 10대 인기 상품 중에 책으로는 유일하게 포함되었으며, 현재까지 대략 330만 부 정도가 팔린 것으로 집계되고 있다.

1980년대 후반은 대중적 서정시의 황금기이기도 했다.
1987년 최대의 베스트셀러였던 서정윤의 《홀로서기》와
도종환의 《접시꽃 당신》 초판.

《홀로서기》의 인기로 출판·서점가에서는 "'기'자 돌림 책
출간 홍수"[112]가 발생했다. '돌아서기', '거듭나기', '다시나기',
'사랑 쌓기', '껍질 깨기' 등 '기'자로 끝나는 책이 30여 종이
넘는 것으로 조사된 바 있다. 《홀로서기》는 교향악곡으로도
작곡되었으며 무용극으로 꾸며지기도 했다. 1980년대의 많
은 청춘들은 '기다림은 / 만남을 목적으로 하지 않아도 / 좋
다'로 시작하는 《홀로서기》의 사랑의 문구들에 열렬하게 반
응했다. 연애편지에 인용되고, 책받침과 공책, 각종 팬시 문
구에 소녀의 얼굴과 함께 이 구절들이 인쇄되어 유통되었다.

당대의 평가는 어떠했을까? 그 시대는 박노해의 《노동의 새벽》을 논평하면서도, "아내와 자식이 등장"하는 '사적(私的) 언어'가 두드러진다는 것은 박노해 시 세계의 옥의 티에 해당한다면서 이것이 "자칫 소시민화의 단서가 될지 모른다"[113]고 우려하는 비평이 주류를 차지하던 시대였다. 그런 시대에 개인적인 사랑의 감정을 읊은 연작시 《홀로서기》에 대한 가혹한 비평은 예견된 것이다. 《홀로서기》는 아예 논평의 대상이 되지 않거나, '감미로운 사랑 얘기' 혹은 '사춘기의 정서를 오도'하는 상업적 삼류시로 비판되었다.

1985년 이해인 수녀의 《민들레의 영토》, 1987년의 《홀로서기》와 《접시꽃 당신》, 1988년의 《마주보기》로 이어지는 대중적 서정시 열풍은 어떤 맥락을 가진 것일까? 가령 우리는 이러한 현상의 다른 사례로 대중가요 분야에 등장한 '동아기획'의 음반들을 떠올릴 수도 있다. 들국화, 봄여름가을겨울, 신촌블루스, 김현식, 시인과촌장, 유재하, 박학기, 장필순, 김현철 등 동아기획의 '언더그라운드' 음악들은 1987년을 전후하여 팝송과 트로트와는 다른 감수성의 지형을 그리며 등장했다. 서정시 붐과 이들 음반은 1980년대 공동체주의의 열기를 보완하고 있던 개인적 서정의 영역을 환기시킨다.

공동체주의와 개인성의 조화를 꿈꾸며

집단주의를 개인성과 대립시켜 그 억압성을 비판하는 것은 손쉬운 일이다. 그러나 이 둘은 대립적이기만 할까? 사회주의의 비전을 포함한 1980년대 공동체주의의 사상적·실천적 모색은 한국사회에 '공공성'의 영역과 '연대'의 감각을 정착시켰다. 그러나 건강한 사회가 되기 위해서는 공동체주의가 제기해온 연대·공공성의 지향과 함께 개인성이 동시에 추구되어야 한다는 것을 새삼 깨닫는다. 모순처럼 느껴질지 모르지만, 우리는 조금 더 '개인주의적'이어야 하며, 동시에 더욱 '공동체주의적'이어야 한다. 공공성과 연대의 가치를 새롭게 인식하고 개인성에 대한 옹호를 조화롭게 결합하는 것, 어쩌면 그것이 1980년대가 우리에게 남겨준 유산이자 화두가 아닐까? 정

1980년대에 TV의 영향력이 급격히 커지면서 방송 프로그램은 독서시장에 직접적인 영향을 주기 시작했다. 본질적으로 TV는 출판시장과 독서계를 위축시켰지만, 거꾸로 책 읽기를 독려하는 경우도 있었다. 이를테면 1984년 1월 1일 뉴욕과 파리를 연결한 백남준의 위성쇼 〈굿모닝 미스터 오웰〉의 생중계가 남긴 강한 인상은 곧바로 조지 오웰의 소설 《1984》를 베스트셀러의 반열에 올렸다.

1980년대 들어서 TV와 문학은 직접 만나기도 했다. 예술성 높은 문학작품을 드라마로 각색 제작하여, 드라마는 질적 수준을 높이고 문학작품은 대중성을 확대하는 방식으로 문학과 시청각 미디어가 상호 보완을 이루었다. 컬러 TV의 보급은 이러한 시도를 더욱 촉진했다. 그 대표적인 사례가 한국방송(KBS)의 〈TV문학관〉과 문화방송(MBC)의 〈베스트(셀러)극장〉 등의 단막극들이다. 〈TV문학관〉은 1980년 12월 18일 장미희를 주인공으로 내세운 김동리의 〈을화〉를 제1회로 방영한 이래 1987년 10월 3일까지 총 277편이 방송되었다. 한 연구자에 따르면, 〈TV문학관〉은 개발독재 시대를 거치며 만들어진 '문예'라는 예술 관념을

#ep.12

〈을화〉부터
〈토지〉까지,
  TV와 만난
문학

기반으로 '문예영화'와 같은 스펙터클을 컬러 TV를 통해 구현한 프로그램이었다.[114] 군사정권과 대중에게 아울러 검증받아온 안전한 원작과 서사를 선택하여 안방극장에서 컬러 TV판 문예영화를 선보였기에 〈TV문학관〉은 성공을 거둘 수 있었다. 〈TV문학관〉은 이후 〈드라마초대석〉 〈TV문예극장〉 〈신TV문학관〉 〈HDTV문학관〉 등으로 이름을 바꾸면서 2000년대까지 명맥을 잇고 있다.

문학과 TV의 만남은 '대하드라마'의 경우에서도 확인할 수 있다. 1980년부터 1994년까지 방영된 KBS 대하드라마 시리즈 15편 중에서 10편이 원작 소설을 각색한 것이다. 유주현의 《파천무》, 이태원의 《개국》, 김교식의 《새벽》, 선우휘의 《노다지》, 윌리엄 아서 노블의 《이화》, 박경리의 《토지》, 한무숙의 《역사는 흐른다》 등이 대하드라마로 각색된 원작 소설들이다. TV는 좋은 각색과 훌륭한 연출을 통한 양질의 드라마를 통해서 시청자의 독서열을 고취시키기도 했다.

《문학사상》(1984년 2월호)이 시청자 250명을 상대로 설문조사한 결과에 따르면, 전체 응답자의 36%가 원작을 읽지 않은 상태에서 TV를 시청했으며, 그중 28%가 '원작을 찾아 읽었다'고 답했다. 이들이 원작을 찾아 읽게 된 동기는 '원작을 어떻게 각색했는가 궁금해서'(48%), 'TV극만으로는 감동이 미흡해서'(27%), '문학에 대한 관심이 높아져서'(25%) 등이었다. TV가 일상생활에서 독서를 위축시킨 것은 사실이지만, 아예 종이신문과 독서문화를 위협하고 있는 스마트폰과 인터넷 등에 비한다면 반(反)독서의 주범이라는 평판은 억울할 듯하다.

문화의 지각변동, 변한 것과 변하지 않은 것: 1990년대 ①

과도기의 문화, 과도기의 인간들 ─────────

문학사·문화사에서 1980년대와 1990년대는 지나치게 선명하게 대비되어왔다. 1980년대가 뜨거운 사회와 이념의 상징이고 어떤 상처이자 '훈장'인 딱 그만큼, 1990년대는 차갑다. '쿨'과 '냉소' 같은 것을 1990년대의 대표적인 문화 코드인 것처럼 말한다. 그러나 1988~1991년까지는 '1980년대 문화'의 극성기였고, 1991~1996년까지는 1980년대 문화와 1990년대 문화가 갈등을 일으키며 공존한 문화적 과도기라 보아야 할 것이다. 이 과도성은 대학뿐 아니라 노동조합, 지식인 사회 등에서도 발견된다.

2014~2015년의 대중문화계에서는 〈응답하라 1994〉 〈무한도전 토토가〉 따위가 큰 인기를 끌면서 1990년대를 재현하고 회고하는 것이 이슈가 되었다. 또한 문학계를 혼란과

재편으로 몰아넣은 2015년 '신경숙 표절 사태'와 그 후과로 제기된 논제도 여기에 닿아 있다. 1990년대 한국문학을 대표해온 신경숙 문학, 그리고 창비와 문학동네로 대표되는 출판자본 또는 비평가 그룹이 주도해온 한국 문학장의 핵심 이데올로기와 제도문학 전반이 재평가될 기회를 맞은 것이다.

이처럼 1980년대와 1990년대를 각각 어떻게 평가할 것인가, 그리고 1980년대에서 1990년대로의 이행과 연속성의 문제를 어떻게 볼 것인가는 어렵고 중요하다. 그것은 운동정치와 이념 지형의 근본적 변화 외에도, 여성문학의 대두나 포스트모더니즘의 흥기 등 '포스트 민족문학' 시대의 복잡한 문제들을 포함한다. 그 모두의 '배후'에는 '87년 체제'의 문화적·시민적 자유주의 그리고 그 경제적 토대인 신자유주의 문제가 있다.

변한 것: 서태지, 그리고 잔치는 끝났다

아무리 변호하려 해도 1989~1991년의 세계사적 변화는 제2차 세계대전 종전 이래 이어져온 체제 경쟁(흔히

'냉전'이라 지칭)에서 미국과 자본주의 세계체제가 '현실 사회주의'에 대해 '승리'를 거둔 사건이었음이 분명했다. 이 '승리'는 물론 '정치적'인 것이며 현상적인 것이었다. 사회주의권이 몰락하고 마르크스-레닌주의가 '죽은 개'처럼 간주되기 시작할 때 새로운 혼란도 시작됐다. 미국의 군수자본은 하이에나처럼 새로운 먹잇감을 찾아내어 곧 걸프전을 시작했고, '사회주의 없는' 세계 곳곳에서는 '새로운 야만'이 개시되어 보스니아와 르완다 등에서 수십만의 인민이 학살당했다.

한반도의 사정도 나름 복잡했다. 1991년 5월 투쟁*의 패배, 1993년 문민정부의 출범 등 '민주화'·'자유화'가 진행되었다. 대략 5~7%의 경제성장이 지속되고 1996년 OECD에 가입하자, 한국이 제3세계 국가가 아니라 '선진국'일 거라는 자신감 + 착각이 거품이 되어 부풀어 올랐다. 그리하여 이데올로기와 담론 지형에 큰 변화가 일어났다. '1980년대 사람들'은 얼이 빠진 듯 방황하며 서태지의 〈환상 속의 그

* 노태우 정부 때인 1991년 4월 26일, 명지대 시위에서 강경대 학생이 경찰사복체포조(일명 백골단)의 집단폭행으로 숨겼는데, 이것이 도화선이 되어 한 달 넘게 진행된 노동자·학생의 대규모 반정부투쟁과 분신 정국을 말한다.

대〉(1992)나 최영미의 《서른, 잔치는 끝났다》(1994)가 울려 퍼지는 것을 들었다. 그러나 곧 한국에는 유사 이래 최대의 경제위기가 닥칠 것이었다. 그리고 김일성과 '소련' 없는 1990년대 중후반의 북한에도 자연재해까지 겹쳐 최소 수십만의 인민이 굶어죽었다.

독서문화의 변화, 그리고 신경숙과 공지영 _____

진정한 1990년대의 문화 상징은 무엇일까? 변화의 속도는 빨랐다. 삐삐·시티폰·PC·유선방송 같은 새로운 미디어 테크놀로지와 대중문화 외에도 세계화·자유화가 남한 땅을 온통 휘감는 듯했다. 이는 독서문화에서도 다음과 같은 큰 변화를 야기했다.

첫째, 독서시장은 1990년대 중반까지 지속적으로 확장됐고 자본의 장악력이 커졌다. 생산·유통의 모든 면에서 출판자본의 '집적·집중화'가 가속되었다. 이를테면 서울 광화문에 영풍문고가 새로 개점해서 성업할 정도로 독자층이 늘고 구매력이 커졌으나 중소 서점들은 고전을 면치 못했다. 이전엔 거의 없던 밀리언셀러가 1980년대 말부터 자주 나타났으나 광고와 마케팅의 힘이 베스트셀러를 '만들어'냈다. 물가 상승에 따라 책값도 상대적으로 많이 오르고, 저작권조약 가입 후 외국 책을 번역 출판하는 데도 꽤 높은 자본의 진입 장벽이 생겼다.[115]

출판계의 판도도 많이 바뀌었다. 1980년대의 '사회과학' 출판사들은 망하거나 변신했다. 그 가운데 창비의 변화는 상징적이다. 1970~80년대에 걸핏하면 판금 조치를 당하고 출판사 등록까지 취소당했던 창비는 '운동'의 구심에서 '자본'으로 비약했다.《소설 동의보감》(1990)《나의 문화유산답사기》(1993)《서른, 잔치는 끝났다》(1994) 같은 '메가셀러'가 잇달아 나왔다.

이렇게 1990년대의 심화된 '자본주의화'는 독서 풍토에도 반영되어 재테크 책을 위시한 실용서적이 독서시장에서 확고한 자리를 차지했다.[116] 삶의 금융화와 금융자본주의의 득세를 표상하는 '재테크'란 말 자체가 당시의 신조어로서 1990년대 초에는 간간이 쓰이다가 1996~1997년경부터 폭발적으로 언론에 등장했다.

둘째, 거센 '세계화'와 '정보화'의 파도가 밀려왔다. 외국

라이선스 잡지가 몰려들고, PC통신 공간이 베스트셀러를 산출하는 새로운 매개가 되었다. '전자출판'과 국제표준도서번호(ISBN)도 이때 처음으로 도입되었다. 중산층 가정에 PC가 보급되자 컴퓨터 서적도 많이 읽혔다.[117]

셋째, '운동으로서의 출판'과 함께 '저항의 독서문화'도 서서히 사멸해갔다. 마치 아닌 듯 없는 듯 이야기하지만 1990년대에도 '운동'의 위력은 결코 작지 않았다. 학생운동·노동운동과 그 문화는 각각 적어도 1996년 연세대 사태* 와 1997~1998년의 IMF 경제위기가 오기까지 융성(?)했다. 그러나 먼저 대학부터 깨져 나갔다. 이를테면 1993년 5월 한총련(한국대학총학생회연합) 출범식에는 무려 8만여 명의 학생이 모였으나, 바로 이해부터 '신세대' 담론이 본격화했고 대학가의 분위기도 바뀌기 시작했다. 교수와 학교 당국의 힘은 날로 커졌고 학생 자치·정치조직의 힘은 점점 약해졌다. 민중

* 1996년 8월 13일부터 8월 20일까지, 한총련 소속 대학생 2만여 명이 연세대에서 경찰과 맞서며 교내 건물 일부를 점거한 사건이다. 경찰은 특수기동대 3개 부대를 투입해 학교를 봉쇄하고 일주일 만에 5천여 명을 연행, 400여 명을 구속했다. 이 일을 계기로 남한의 학생운동은 크게 위축되었다.

적이고 저항적이었던 대학 문화는 독자성을 잃고 상업적 대중문화에 종속되기 시작했다. 여전히 '세미나'들이 있었지만 대학생들의 독서문화는 연성화되기 시작했다.

넷째, 여성문학의 흥기. 한국 현대문학사에서 여성주의와 여성문학의 전통은 얕지 않다. 사실 그것은 시발점에서부터 한국문학의 중축이었다. 여성 의식의 개화와 여성의 앎-주체로의 형성은 현대문학의 형성 자체와 궤를 같이하기 때문이다. 그러나 이제까지 여성문학과 여성 독자들은 곁다리 취급을 당했으며, 여성 문인은 남성중심적인 문학판의 비주류이거나 성차별의 대상이었다. 지식인 공론장에서도 여성 지식인은 자리가 없었다. 1960~70년대 《사상계》나 《창작과비평》 《문학과지성》 등에서도 소수의 시인과 소설가를 제외하고 여성 필자는 거의 없었다. 그러나 여성이 이전과 다른 규모로 고등교육의 수혜자가 된 1980년대를 거치고 1990년대가 되자 상황은 달라졌다. 여성 작가·지식인·비평가들이 대거 등장해서 문학장과 담론장을 바꿔놓았다. 여성 독자도 물론 더욱 중요해졌다.

1993년은 신경숙의 해였다. 소설집 《풍금이 있던 자리》는 순식간에 10만 부가 넘게 팔리면서 '신경숙 현상'을 불러

1990년대 여성문학의 흥기는 기존 문학계의 지형을 완전히 바꿔놓았다. 이른바 '신경숙 현상'과 '공지영 현상'은 1980년대와 대비되는 1990년대, 혹은 썰물과 밀물처럼 두 시대의 교차 지점에서 발생한 상징적인 사건이다. 신경숙의 《풍금이 있던 자리》《외딴 방》과 공지영의 《무소의 뿔처럼 혼자서 가라》《인간에 대한 예의》 초판.

왔다. 어떻게 신경숙은 1990년대를 대표하는 작가가 될 수 있었을까? '진정한 노동소설' 운운하며 신경숙의 《외딴 방》을 '거친 1980년대 노동소설'에 대비하려 한 백낙청을 비롯해 여러 남성 중진 비평가들이 신경숙을 상찬하고 나섰다. 《문예중앙》1993년 봄호는 갑년에 가까운 비평가 김윤식과 거의 한 세대가 차이 나는 '여성 신예' 신경숙의 대담을 마련했다. 이 대담은 큰 화제가 되었고, 이후 김치수·김원일·최원식 등으로 구성된 심사위원단은 신경숙에게 한국일보문학상을 주었다. 염무웅·서영채 등은 신경숙을 4·19세대의 기린아 김승옥과 비교하며 띄웠고, 《한겨레》와 《조선일보》가 동시에 '신경숙 현상'을 특필했다. 왜 그렇게 거의 모든 남자-중년-비평가들이 신경숙을 그토록 반가워하고 좋아했을까? 이는 더 풀어야 할 의문이지만, '1980년대식' 노동·민중문학을 재빨리 극복 또는 청산하려 했던 문학적 주류에게 신경숙 소설의 문체와 내면성은 어떤 새로움의 진앙지처럼 보였던 모양이다. 다시 말해 '1980년대'와 대비되는 '1990년대'를 주장할 중요한 근거처럼 여겨졌던 것이다.

1994년은 공지영의 해였다. 그해 문학·출판계에서 "특이하고도 놀라운 현상"은 그녀의 소설 세 편이 동시에 소설 부문 베스트셀러 10위 안에 진입한 것이었다 한다.《무소의 뿔처럼 혼자서 가라》《고등어》《인간에 대한 예의》가 1994년 12월 기준 각각 36만 부, 20만 부, 10만 부의 판매고를 올리고 있었다. 이런 '공지영 현상'은 1980년대적인 것의 썰물과 1990년대적인 것의 밀물의 교차 지점에서 발생한 것이다. 즉 당시 제도문학계에서는 1980년대 민중·민족문학의 추방 또는 애도(이른바 후일담 문학)와 1990년대 여성문학의 새 시대가 교차하고 있었다. 상징적인 제목을 단《무소의 뿔처럼 혼자서 가라》는 새로운 여성문학·여성주의의 시대가 개막하는 신호탄처럼 간주되었다.

이렇게 '여성'은 새삼 독서문화의 중심으로 들어왔다. 1980년대까지 페미니즘이라는 어휘 자체가 구미의 문화적 조류나 서적 따위를 지칭하는 문맥 속에서만 사용되다가, 1992~1993년께 본격적으로 우리 현실을 지시하며 '여성주의'라는 단어와 함께 언론에 자주 등장하기 시작했다. 잇달아 나타난 공선옥·은희경·김형경도 문학판의 핵심이 될 터였다.

변하지 않은 것

　　거대한 변화의 물결 속에서도 거의 안 변한 것도 있었으니, 일단 두 가지만 적어둔다. 하나, 관변·민간의 독서 운동은 여전했다. 가을의 '독서주간'은 물론, 국민독서경진대회도 계속되었다. 특히 1993년은 '책의 해'로 정해져 대대적인 행사가 벌어졌다. "책을 펴자, 미래를 열자"가 중심 구호였다. 그해는 1950년대부터 계속 이어져온 관변(+민간) 독서 운동의 최절정기가 아닐까 싶다. 출판계는 초유의 독서진흥법 제정도 추진했다. 그러자 기업에서의 이른바 '독서 경영'도 확산되었다.

　둘째, 출판에 대한 공안권력의 간섭과 탄압은 1970~80년대와 크게 다를 바 없었다. 아니, 1989년 이후에 5공화국 때보다 두 배나 많은 88명의 출판인들이 감옥에 갔다. 잇따른 공안 정국과 3당 합당 이후 정치의 보수화 과정에서 검찰이 툭하면 출판계를 괘씸죄와 길들이기의 대상으로 삼았기 때문이다. 1990년 1월과 7월엔 각각 북한 관련 서적을 출판한 출판사의 대표가, 6월엔 실천문학사 송기원 대표가 국가보안법으로 구속됐다. 1991년 3~4월에는 녹두·노동문학사 등의 출판인 5명과 전북대 앞 새날서점 주인이 구속됐다. 1994년 4월에도 일터·일빛 등의 출판사 대표가 구속됐는데, 심지어 부산지검 공안부는 굳이 부산대·동아대 등 대학가 서점들을 '털어' 사회과학 서적 300여 권을 압수했다.

냉전이 끝나고 새 시대가 시작됐다는 '월드뉴스'가 대한민국 검찰에겐 전해지지 않았던 것이거나, 한반도에 냉전이 종결될 날은 아직 멀었던 것이다. 🅒

문민정부의 공안권력은 '국가 보안'뿐 아니라 '성(性) 보안'도
수호하고 다스리고 싶어 했다. 연세대학교 마광수 교수가 소설
《즐거운 사라》 때문에 구속된 것은 대통령선거를 얼마 남겨두지
않은 1992년 10월 29일이었다. 책을 펴낸 청하출판사 대표 장석주와
함께였다. 당시 법무부 장관이 바로 김기춘이었다.

사회 전체에 뜨거운 논란이 일었고 일시적으로 《즐거운 사라》가
불티나게 팔렸다. 거의 모든 지식인·예술가들이 마 교수와
'표현의 자유'를 옹호하며 나섰지만, 한국기독교총연합회 등 10개
종교단체는 '음란조장 출판물 대책협의회'를 긴급 구성하고 검찰의
구속 조치를 환영하는 성명을 냈다. 원래 윤동주 전공자인 마 교수는
1989년에 에세이 《나는 야한 여자가 좋다》를 출간한 이래 유명
작가가 되었는데, 이 사건으로 두 달간 감옥생활을 한 뒤 풀려났다.
하지만 1995년 최종심에서 유죄 확정 판결을 받고 연세대에서
해직까지 당했다. 2017년 9월 5일, 우울증에 시달리던 그가
자살하자 그의 문학이 어떤 의미를 가진 것인지에 대한 논란이 다시
일었다.

지금은 칼럼니스트로 활약하는 장정일은 1990년대를 대표하는

마광수와 장정일,
'음란한' 1990년대와
'경건한'
공안권력

'젊은 작가'였다. 소설과 시는 물론 1994년에 출간된 《장정일의 독서일기》(연재는 1993년)는 새로운 서평 문화를 열며 독서대중에게 큰 영향을 끼치기도 했다. 한창 명성을 날리던 장정일이 법정구속된 것은 1997년이었다. 역시 '음란물'을 제작·반포했다는 죄목을 뒤집어썼는데, 소설 《내게 거짓말을 해봐》가 '남녀의 성기를 노골적으로 묘사하는 등 음란하다'는 '법'의 판단이 있었다. 출판사의 상무가 구속되고 난 뒤였다.

물론 탄압의 대상이 된 건 유명한 두 작가만이 아니었다. 1993년 7월의 일제단속에선 '음란한' 소설·만화·비디오테이프 등을 만들어 팔아온 '업자' 13명이 서울지검에 잡혀갔다. 1996년에는 《아마티스타》 등 에로틱 소설을 펴낸 열음사가 출판사 등록 취소 명령을 받기도 했다.

이처럼 '자유·민주의 1990년대'에 생긴 일로는 믿기지 않을 일들이 비일비재했다. 남성-엘리트-반공-공안권력은 무척 경건하고 '도덕적'이기도 하다. 그들은 '국민이라는 개·돼지'들을, 몸이나 머리나 너무 '풀어주면' 안 된다고 생각한다. 그래서 굳이 가진 권력을 꼭 '노출'하여 옭죄려 한다.

세상의 중심은 '나':
1990년대 ②

새로운 '자유', 자기계발과 성공서사의 시대 _____

　　1990년대가 되자 대중문화의 장에는 '세상의 중심은 나'라고 주장하는 다양한 종류의 문화상품과 이를 반영한 광고 카피들이 등장했다. 베스트셀러와 문제작들에도 유독 '나'가 들어간 제목이 많았다. 유홍준의 《나의 문화유산답사기》, 양귀자의 《나는 소망한다, 내게 금지된 것을》, 홍세화의 《나는 빠리의 택시 운전사》, 장정일의 《너에게 나를 보낸다》《내게 거짓말을 해봐》, 서갑숙의 《나도 때론 포르노그라피의 주인공이고 싶다》 등이 그렇다.

　　이 책들의 메시지와 내용은 제각각이지만 '나'의 체험을 강조하고 자유와 욕망의 해방을 열망한다는 점은 공통적이었다. 1990년대 한국사회에는 여전히 억압과 불평등이 만연해 있었으나, 확실히 '절차적 민주화'는 진전되었고 '자유화'

의 폭과 깊이도 커진 것은 사실이었다. 그래서 환각도 커지고 사회에는 '거품'이 끼어갔다. 문제는 엘리트 계층과 '86세대'에 의해 이념과 운동이 모두 과거의 것으로 치부되기 시작했지만, 여전히 감옥과 거리에도 사람들이 많았다는 점이다.

대우그룹 회장 김우중의 《세계는 넓고 할 일은 많다》는 1989~1990년 두 해에 걸쳐 연속으로 베스트셀러 1위를 차지했다. 1980년대의 끝자락에서 청년들을 타깃으로 상정한 이 책의 인기는 1990년대가 어떤 시대가 될지를 암시한다. 1980년대적인 이념을 '낡은 것'으로 치부하면서 김우중은 큰 세계를 무대로 성공하라며, 청년들의 욕망을 자극했다. 특히 그는 운동권 전력을 가진 청년들을 대우그룹에 특별 채용하는가 하면, 자동차와 토건 산업으로 구사회주의권을 향해 불도저처럼 들어갔다. 실제로 죽의 장막이 걷히고 철의 장막이 무너지자 세계 자본주의의 영토는 엄청나게 확장되고, 한국 대기업의 시장도 덩달아 커지고 있었다. 재벌은 이전에 비해 급격히 위상이 높아졌다.

1993년 삼성의 후계자가 된 이건희의 '마누라와 자식만 빼고 모두 바꾸라'는 말은 혁신의 표상으로 대접받았고, 급기야 그는 젊은이가 가장 존경하는 인물로 꼽히기도 했다.

식민지 시대부터 전례가 있었지만, '민중의 적'이었던 자본가가 위인으로 대접받는 시대가 된 것이다. '세계 경영'의 이 1990년대부터 한국 젊은이들의 유학과 어학연수, 해외여행은 급속도로 늘었다.

《내 아들아, 너는 인생을 이렇게 살아라》《사랑과 비즈니스에는 국경이 없더라》와 같은 논픽션들이 1990년대 벽두부터 베스트셀러가 되고, 스티븐 코비의《성공하는 사람들의 7가지 습관》(1994)과 같은 자기계발서가 1990년대 후반까지 지속적인 인기를 끌었다. 1990년대 초반 출판시장을 휩쓴 《소설 동의보감》《소설 토정비결》《소설 목민심서》등의 역사인물소설도 실질적으로는 자기계발서의 역할을 했다. '천첩'의 태생으로 정1품 보국숭록대부에 양평군이라는 작호까지 받았던 허준의 일대기를 그린 이은성의《소설 동의보감》은 성공 욕구를 지닌 한 인간의 자수성가 드라마이기도 했다. 한의학 지식이 버무려진 성공의 이야기는 400만 부가 팔려 나가며 24년간 쌓였던 창비의 적자를 청산하는 '명의' 노릇을 했다고 전해진다.

조선에 허준이 있었다면, '현대'에는 이명박이 있었다. 이명박의 자서전《신화는 없다》(1995)는 노점상의 아들로 태어

자기계발과 성공서사의 시대가 열리면서, '민중의 적'이었던 자본가가 이제 '세계 경영'의 첨단에 선 위인으로까지 대접받게 되었다. 김우중의 《세계는 넓고 할 일은 많다》, 이명박의 《신화는 없다》 초판.

나 포항 달동네에서 가난한 어린 시절을 보내고 고려대 단과 대 학생회장으로 6·3 시위 때문에 감옥에 갔다 온 후, 현대 건설에서 샐러리맨으로 출발하여 6개 현대 계열사의 사장이 되고 결국 유망한 차세대 정치가가 된 이명박의 입지전을 그린 책이다. 제목과 달리 자신을 한국 현대사의 신화로 구성한 이 책은 1990년대에만 60만 부가 팔렸다. 이 책이 만든 허구적인 '샐러리맨의 신화' 때문에 한국의 산하는 언제 끝날지 모르는 고통에 지금도 신음하고 있다. 이건희·김우중·이명박 같은 자본가들과 함께 한국 자본주의는 한편으로는 앞으로 돌진했고, 다른 한편으로는 작은 마을들과 개개인의 마음을 바꿔놓고 있었다. 그것은 거의 모두 '자유'로 포장되고 있었다.

1990년대 주류 문학: ─────────
상실의 시대, 또 다른 '나'를 찾아서

1990년대에는 잃어버린 자아 찾기를 주제로 한 문학작품들이 쏟아져 나왔다. 이를테면 윤대녕의 《은어낚시통신》(1994)은 존재의 '시원으로의 회귀'를 희구하는 다양한 개인들을 묘사하며 1990년대적 주제의식을 가시화했다. 그러나 1990년대의 '나'는 박래품이거나 돌출한 상품이 아니다. 말쑥하고 세련되어 보이는 자아의 속살에는 지난 시대(와)의 고투를 거친 피투성이 상처들이 자리하고 있었다. 이를테면 공지영의 《고등어》(1994)와 같은 후일담 소설은 그 피투성이 상처의 한 단면을 보여준다. 작가는 1980년대를 살아낸 청춘들이 이념이 사라진 1990년대 들어서 좌절하고 절망하는 모습을, 배가 갈리고 내장이 뽑혀 나간 채 소금에

절여져 좌판에 던져져 있는 고등어의 형상으로 비유했다. 그러나 다분히 나르시시즘을 내포한 이런 상실과 절망의 정서는 일본 전공투 세대의 후일담 격인 무라카미 하루키의 《상실의 시대》(원제: 노르웨이의 숲)가 한국 청춘들에게 널리 읽힌 배경이기도 하다. 1990년대는 하루키 소설의 시대라 해도 과언이 아닐 정도로 《상실의 시대》로부터 시작된 하루키 열풍은 상당히 오래 갔다.

한편 고유한 '자아'에 대한 추구, 상실과 허무와 절망의 정서가 세트 메뉴처럼 갖춰진 것이 1990년대 중반 연달아 베스트셀러가 된 파트리크 쥐스킨트의 작품들이다. 쥐스킨트의 《좀머 씨 이야기》는 '광복 후 가장 많이 팔린 책 50권'에 이름을 올리고, 《향수》《콘트라베이스》《비둘기》로 이어진 쥐스킨트 현상은 '경제지가 뽑은 1996년 히트 상품'으로 선정되기도 했다. 과거의 기억과 절망으로부터 도망치려는 좀머 씨는 "그러니 제발 나를 좀 내버려두란 말이오!"라는 신음 같은 한마디를 남기고 석양의 호수로 성큼성큼 걸어 들어간다. 절망으로부터 벗어나려 끝까지 치열하게 노력하다가 호수로 사라져간 좀머 씨의 최후는 역설적으로, 상처 입고 지친 많은 독자들에게 '살아라'라는 메시지를 전했다.

세계화의 역설, '민족주의'를 자극하는 책 읽기 _____

    1990년대를 살았던 사람들이라면 김영삼 정권의 '세계화' 구호를 기억할 것이다. 이 구호는 원래 미국이 만들어 퍼뜨린 '지구화'(globalization)를 번역한 것이다. 그 속뜻은 미국의 상품·서비스·자본·인력의 이동을 가로막는 모든 장벽을 군사력·외교력을 동원해 철폐한다는 새로운 자본 축적의 전략이다. 이에 따라 1994~1995년에 EU(유럽연합), NAFTA(북미자유무역협정), WTO(세계무역기구)가 잇달아 출범했다.[118] 전 세계가 미국과 그 몇몇 동맹국의 지배 아래 자유무역 시장으로 하나(?)가 된다는 이 구상은, 달러-월스트리트(금융자본주의) 체제, 냉전 종식, 일본 주도의 지역 생산 네트워크와 자본 수출, 미국 대외정책의 전환 등 지구 정치경제학적 변화를 배경으로 한 것이었다.[119] 이런 사정을 아는지 모르는지, 1994년 연두교서 이래 김영삼 정권과 자본의 나팔수들은 근거 없는 자신감에 들떠 세계화의 구호를 떠들어댔다. 그 끝이 IMF 경제위기였던 것은 희비극이라 아니 할 수 없다.

    그런데 한편으로 요란한 세계화 구호와는 맞지 않는 민족주의 코드가 또다시 대두되고, 그를 기반으로 한 문화상품과 책들이 인기를 끌었다. 임권택 감독은 1993년 영화 〈서편제〉를 발표하여 100만(서울 관객 기준)을 훌쩍 넘긴 관객을 동원했는데, 그때까지의 영화 흥행 기록을 깨는 사건이었다. 영화의 성공에 발맞춰 열림원은 이청준의 원작 〈서편제〉를 포함한 8편의 단편을 묶어 소설집 《서편제》로 간행하여 100만 부 이상을 판매했다. 언론은 〈서편제〉 열풍을 '가장 한국적인 것이 가장 세계적인 것'이라며 세계화 담론으로 치장했다.

김진명의 《무궁화 꽃이 피었습니다》(1993)는 반일/반미 민족주의를 자극하며 큰 반향을 불러 일으켰다. 이 작품은 박정희 시대 핵개발에 참여한 천재 물리학자 이용후의 죽음에 얽힌 비밀을 쫓는 가상의 역사추리소설이다. CIA가 개입한 이용후의 죽음, 청와대 코끼리상에 숨겨진 인도에서 수입한 플루토늄, 남북 공동의 핵개발과 일본과의 전쟁, 핵무기 투하로 이어지는 이 소설의 핵민족주의는 대중의 민족주의 정서를 강하게 자극했다.

이 소설이 1994년에 스포츠신문에 연재된 이현세의 만화 《남벌》과 동일한 설정을 취하고 있다는 사실은 흥미롭다. 일본의 초고도 레이더망을 피할 수 있는 북한의 AN-2기에 남한의 특공대를 실어 레이더망을 파괴하고 일본을 향해 미사일이 일제히 날아가는《남벌》의 결말에서, 독자들은 김진명 소설의 핵무기 투하 장면과 동일한 쾌감을 느꼈을 것이다. 남북한이 연합하여 일본을 징벌하는 이들 대중서사는 '민족심리' 깊숙이 각인된 르상티망(원한)을 자극하며 큰 인기를 끌었다. 여기에 훗날 표절로 판명됐지만 전여옥의《일본은 없다》(1993)가 누린 인기까지 곁들이면, 1990년대 초중반 한국은 온통 반일 민족주의 정서로 뒤덮였던 것처럼 느껴진다.

현실은 어떠했을까? 한반도발 핵미사일이 일본 본토를 유린하는《남벌》이나《무궁화 꽃이 피었습니다》의 바람과 달리, 일본 대중문화라는 문화적 미사일이 거꾸로 한국으로 날아왔다. 전여옥이 (배울 게) '없다'고 외치던 일본 문화는 1998년 문화 개방과 더불어, 아니 그 이전부터 한국 청소년들의 일상 문화를 잠식하고 있었다.

반일 민족주의의 대중서사에 노출된 1990년대의 바로 그 청년과 어린이 세대는 동시에 〈에반게리온〉〈카우보이비밥〉〈공각기동대〉 등의 세련된 재패니메이션에 열광했고,《꽃보다 남자》《슬램덩크》같은 망가(漫畫)를 탐독했다. 민족주의와 세계화가 전혀 모순이 아니었듯, '의식의 반일과 일상의 친일(?)'이라 할 만한 분열된 문화가 한국 전체를 감싸고 있었다.

테크놀로지의 발전과 베스트셀러

1990년대를 통틀어 가장 성공한 책 중 하나가 유홍준의 《나의 문화유산답사기》 시리즈다. 이 책은 1년 동안 50만 부가 판매되었고, 60주 연속 베스트셀러 목록에 올랐다. 이후 이 시리즈는 전국 방방곡곡을 거쳐 북한편을 다룬 후 일본편으로 이어져, 2018년 현재 총 400만 부가 판매된 것으로 알려져 있다. 이 책의 성공 요인은 우선 "석양머리 적막강산"에서 "몇천 년 동안 잠든 보물들이 깨어나 찬란한 잔치를 베풀기 시작"[120]하게 하는 유홍준의 심미안과 스토리텔링 능력, 그리고 교과서에 실릴 정도의 유려한 문체에서 찾을 수 있다.

단지 문화유산에 대한 것만이 아니라 한국사에 대한 총체적 인식이나 민중에 대한 애정이 깃들어 있는 것이 책의 성공 요인이라 볼 수 있지만, 또 하나 간과할 수 없는 물질적 배

1990년대를 통틀어 가장 성공한 책을 꼽으라면 아마도 유홍준의 《나의
문화유산답사기》가 아닐까. 1993년 제1권 '남도답사 일번지'가 출간된 이래 25년이 지난
지금까지 계속 출간되고 있는 최장기 시리즈다. '일본편' 4권을 포함해 현재까지 총 14권,
그리고 이와 별개로 《나의 북한 문화유산답사기》 두 권도 출간되었다.

경으로 '마이카 시대'의 개막을 고려해야 한다. 1994년 8월
의 통계에 따르면, 한국의 자동차 보유 대수는 700만 대를 돌
파했다. 덕분에 일생에 한번 가볼까 말까 했던 저 먼 "땅끝마
을이 있는 해남 대흥사 계곡의 한옥 여관이, 전국에서" 차를
몰고 온 손님들로 북적였다. "물질적 풍요와 삶의 여유를 알
아버린 이들에게 질 좋은 길잡이 노릇을 했"던 것이다.[121] 즉
《나의 문화유산답사기》는 중산층의 자동차 여가 문화에 내
려진 지적인 복음이었던 셈이다.
  돌이켜보면, 1990년대는 자동차뿐 아니라 테크놀로지

의 발전이 눈부신 시대였다. 컴퓨터의 급속한 보급과 더불어《컴퓨터 길라잡이》《컴퓨터, 일주일만 하면 전유성만큼 한다》같은 실용서와 빌 게이츠의《빌 게이츠의 미래로 가는 길》《빌 게이츠@생각의 속도》와 같은 디지털 문화 전도서가 베스트셀러가 되었다. 무엇보다 PC통신의 저변이 확장되어 본격적인 사이버 시대의 막이 열렸다. 하이텔에 연재되어 인기를 끌다가 정식 출판되어 1,000만 부가 넘게 팔린 이우혁의《퇴마록》(1994), 한국의 장르 판타지 문학의 개척자로 일컬어지는 이영도의《드래곤 라자》(1998)를 비롯하여 김호식의《엽기적인 그녀》(2000), 귀여니의《그놈은 멋있었다》(2001) 등이 온라인의 인기에 힘입어 현실에서 베스트셀러가 된 사례다. 이제 세상은 '새로운 자연계'인 사이버-인터넷의 세계로 이동하고 있었다. ❸

알다시피 1997~1998년의 IMF 구제금융 사태는 한국사회 전체를 죄다 바꾼 공포요 위기였다. 수많은 사람이 실업자가 되고, 부도와 빚 때문에 스스로 목숨을 끊은 사람도 부지기수였다.

책 읽기의 풍경은 어떻게 바뀌었을까? 당시의 한 신문기사[122]는 IMF 구제금융 직후의 서점 풍경을 다음처럼 전한다. 평상시에 비해 찾아오는 사람은 30% 이상 늘었지만 서점의 매출액은 급감했다. 대학생들은 인문·사회과학 코너에서 책을 베끼고, 학습참고서 코너에서는 중학생들이 연습장에 수학문제를 푼 후 답을 맞춘다. 늘어난 여가에 비례해 급증하던 여행·레저 분야 책들이 자취를 감추고 외국어 교재와 값싼 문고본조차 고전하는 상황에서 IMF 관련 경제·경영서만 20여 종 출판되어 인기를 끌었다. 한마디로 IMF 시대는 서점과 출판가에도 환란이었다.

하지만 뜻하지 않게 경제위기 덕을 본 경우도 있다. 1998년 4월의 대형 서점 베스트셀러 집계 종합순위를 보면, 20위권 안에 한국 소설이 절반 이상 진입한 것을 확인할 수 있다. 한국 소설이 외국 소설이나 다른 분야를 제치고 이렇게 대거 베스트셀러로 진입한 것은 1990년대 들어 처음 있는 일이었다. 환율이 급상승하면서

IMF 시대의
책 읽기 풍경,
환란과
위로

로열티를 지불해야 하는 외국 작가의 책 출간이 급감하고, 출판사들도 국내 작가의 작품 출간에 기획과 홍보의 역량을 집중했기 때문이다. 이상문학상 작품집인 은희경 외《아내의 상자》, 김진명의《하늘이여 땅이여》, 김주영의《홍어》, 양귀자의《모순》 등이 1998년도에 많이 읽힌 한국 소설들이다.

이 시기의 또 다른 특징은, 불안을 위로해줄 '따뜻한 이야기'나 '마음'과 관련된 이야기가 많이 읽힌 것이다. 법정 스님의 에세이 《산에는 꽃이 피네》가 베스트셀러 1위를 차지하고,《무소유》도 다시 읽히기 시작했다. 1997~1998년은 특히 류시화의 해이기도 했다. 그가 기획한 법정 스님의 에세이와 잭 캔필드 외《마음을 열어주는 101가지 이야기》《영혼을 위한 닭고기 수프》)를 비롯하여《하늘 호수로 떠난 여행》《지금 알고 있는 걸 그때도 알았더라면》《그대가 곁에 있어도 나는 그대가 그립다》《외눈박이 물고기의 사랑》 등이 연달아 베스트셀러에 올랐다. 그의 감성은 구제금융의 황폐한 시대를 살아가는 대중의 지친 마음을 달래주는, 영혼을 위한 수프였던 셈이다.

새로운 진보 담론과 세기말 서점가: 1990년대 ③

인터넷과 독서

     물론 PC통신이 예고편이기는 했다. 그러나 대부분의 통신 유저들도 곧 PC통신이 완전히 없어지고 인터넷이라는 새로운 '제2의 자연' 또는 '세상 그 자체'가 출현하리라고는 예상하지 못했다.

  '월드와이드웹'(www.)이라고 쓰고 '떠블류 떠블류 떠블류 쩜'이라고 말하는 낯설고도 재밌는 신조어가 우리나라 사람들의 입에 슬슬 올라붙기 시작한 건 1995년이었다. 1994년에 저널리즘에서 처음 출현한 '컴맹'이라는 말도 1995년엔 일상어가 되었다. '떠블류 떠블류 떠블류 쩜'은 '골뱅이'(@)가 들어 있다는 이메일과 함께 무슨 새로운 '주소'라 했기에, 좀 나이가 많거나 기계문명에 덜 민감한 사람들에겐 혼동을 불러 일으키기에 충분했다. '바이러스'를 예방한다고 컴퓨터 화면과 키보드를 박박 문질러 닦았다는 둥 '귀여운'(?) 컴맹들에 관한 농담은 실제 상황을 반영한 이야기였겠지만 직장인들에겐 곧 생존의 문제가 됐다. 한국 금융기관의 수장들은 1995년 신년사에서 컴맹은 직장에서 추방될 것이라는 위협을 했다. 금융기관뿐이랴? 바로 이때부터 '디지털 디바이드'(정보격차)는 유구한 '지적 격차의 문화사'에서 새로운 장을 열게 된 것이다.

그래서 새 문명에 적응하기 위한 필사적인 노력도 시작되어 1995~1996년 사이의 최대 베스트셀러 중엔《컴퓨터 길라잡이》《인터넷 무작정 따라하기》같은 책들이 포함돼 있었다. 그중엔《저는 인터넷을 하나도 모르는데요》《컴퓨터, 일주일만 하면 전유성만큼 한다》같은 뭔가 절절하고도 재밌는 제목의 책도 있었다.

그렇게 인터넷은 앎과 독서문화 전체를 바꾸기 시작했다. 미국에서 아마존닷컴이 순식간에 성장하여 '신경제'를 선도하는 상장기업이 된 것은 1997년 봄의 일이고, 한국에서 '교보 사이버 북센터'(www.kyobobook.co.kr)가 50만여 권의 국내외 서적을 사이버 공간에 '전시'하고 팔기 시작한 것도 같은 해였다.

한국에는 마침 1997년 말부터 IMF 경제위기가 몰아닥쳤기 때문에 인터넷 서점의 출현은 도서 구매와 유통의 구조를 순식간에 바꿔놓았다. 경제위기로 인해 독자들의 구매력이 심각하게 낮아져 있었고, 인터넷 서점은 책값의 할인 폭을 마음대로 대폭 조정할 수 있었기 때문이다. 1999년에 문을 연 '예스24'는 사업 개시 9개월여 만에 이용자 수가 150만 명에 달했다. 물론 경제위기와 디지털화가 동시에 밀어닥친 이 이중의 쓰나미에 피해를 본 건 기존의 오프라인 서점들이다. 1998~1999년 사이에 수백 개의 서점이 문을 닫았다. 다시 돌이키기 어려운 변화이자, 가치를 평가하기 어려운 '진보'의 하나였다.

새로운 진보주의 또는 1990년대식 '계몽'

1995년의 어느 날, 오랜만에 학교 근처 헌책방에 들렀다가 깜짝 놀랐다. 배신감마저 들 정도였다. 대학생들이 부족한 용돈을 벌충하려고 내다 팔았을 헌책방의 서가엔 '사회구성체론'과 '종속이론' 등 사회과학 서적이 정말 빼곡히

꽂혀 있었던 것이다. 한때 '위험하고 불온'하여 꽁꽁 싸매고 숨겨두던 것들이다. 시대의 분위기가 변화하자 대학생들의 서가에서도 이들 책이 먼저 버려진 것이다.

1990년대 초부터 대학가의 인문·사회과학 서점들도 경영난을 겪다가 변신하거나 사라지기 시작했다. 서울의 경우 '변증법'(국민대 앞), '황토'(고려대 앞), '열린글방'(서울대 앞), '한맥'(한성대 앞), '비나리'(덕성여대 앞) 같은 상징적이고 예쁜 이름을 가진 서점들이 이미 1992년에 문을 닫았다. '전야'(서울대 앞), '죽림글방'(외대 앞), '장백서점'(고려대 앞) '오늘의책'(연세대 앞), '알서점'(연세대 앞) 등도 고전을 면치 못했다. 대학생·교수·졸업생들이 모금 등으로 '서점 살리기 운동'을 펴기도 했으나 역부족이었다. 1990년대 후반에 이들 서점도 모두 사라진다. 그렇게 사회구성체론과 변혁론, 마르크스-레닌주의와 주체사상 등으로 구성된 1980년대식 사회과학은 사멸해 갔다. 1990년대의 진보주의와 '계몽'은 새로운 방식과 내용을 통해 이뤄질 것이었다.

진보의 새로운 표상, 파리에서 온 '똘레랑스'

　　1979년의 '남민전' 사건에 연루되어 프랑스 파리에서 망명자가 된 이후 여행 가이드와 택시 운전사 등의 직업을 전전하던 홍세화는 1995년에 출간된《나는 빠리의 택시 운전사》를 통해 조국으로 돌아온 셈이었다.《나는 빠리의 택시 운전사》는 곧 30만 부급 베스트셀러가 되고, 홍세화는 활발한 문필 활동을 펴면서 새로운 진보 언론인으로 떠올랐다.

　그러나 그가《나는 빠리의 택시 운전사》에서 가져다준 것은 남민전의 사상은 아니었다. 책은 파리에서의 경험과 회상 등으로 이뤄진 에세이집인데, 여행자를 위한 팁과 파리의 명소 사진 등도 싣고 있어 마치 파리 여행 안내서 같은 느낌도 준다.

　《나는 빠리의 택시 운전사》같은 책이 그렇게 많이 읽힐 수 있었던 데는 몇 가지 '시대의 맥락'이 있었던 것으로 보인다. 그리고 이는 각각《네 무덤에 침을 뱉으마》(1998)《당신들의 대한민국》(2001)이라는 상징적인 제목의 책으로 등장한 독일 유학생 진중권이나 귀화 러시아인 박노자가 1990년대 말에 지식계의 새로운 대표처럼 등장한 맥락과도 다르지 않은 듯하다.

첫째, 그것은 1990년대 중후반의 해외여행과 유학(어학연수)의 대중화에 따른 '이국 취향'의 확산과 유관한 것이다. 하지만 그것은 '정치적' 이국 취향이며, 1990년대식 한국의 '자유-민주화'와 복합적으로 연관된다. 홍세화의 글에서 프랑스 사회는 근대성·합리성·진보성의 어떤 모델로 나타났다. 즉 그것은 '진보'에 관한 참조점이었다. 이는 말끝마다 '선진국에서는' 운운하는 지배담론과 유사한 면도 없지 않았는데, 선진국 담론은 한편으로는 한국사회의 '후진적' 상황에 대한 비판적 인식을 내재하지만 다른 한편 서구중심주의를 내포한 것이었다.

홍세화의 프랑스는 평등과 사회주의, 그리고 '똘레랑스'의 나라였다. '똘레랑스'는 곧 중고생들도 다 아는 유행어처럼 될 정도였는데, "다른 남을 그대로 인정하는 것" 또는 "나는 당신의 견해에 반대한다. 그러나 나는 당신의 말할 권리를 목숨을 다해 지키겠다"(책 뒤표지에 수록된 문구) 같은 명제는 여전히 반공주의와 지역주의, 극우적 가부장제가 사회를 지배하던 한국사회의 현실을 환기하고 상대화할 수 있어 의의를 가진 것이었다. 물론 이는 다원주의나 자유주의의 표어로 인용될 수 있는 것이기도 했다.

둘째, 그래서 이런 독서의 사회적 맥락을 진보 담론의 연성화와 연관시킬 수도 있다. 1991~1992년의 대몰락(또는 대전환) 이후 도래한, 그리고 요청된 새로운 '문화적 거점'이나 '심성'은 확실히 이전과 다른 것이었다. '서구 마르크스주의'와 '후기구조주의' 및 '포스트주의'가 지식인과 운동권의 혼란한 머릿속을 파고들기 시작했다. 그 전까지 소련과 동독산 공식 이데올로기에 의해 '수정주의'니 '개량주의'니 하는 욕을 먹던 사상과 이론들이 새삼 재발견된 것이다. 이제 멋진 자동차와 명품을 생산하는 서유럽 선진국의 사상이 유입되었다. 프랑크푸르트학파와 하버마스는 독일산, 푸코·라캉·알튀세르·들뢰즈는 프랑스산, 그람시·네그리는 이탈리아산이었으며, 페리 앤더슨·레이먼드 윌리엄스·버밍엄학파는 영국산이었다. 대신 제3세계산, 즉 중국산 마오주의나 남미를 기반으로 한 종속이론은 세가 급격히 약해졌다. 다만 한반도의 특수성 때문에 북한산 김일성주의는 공안 세력과 일부 민족주의자에게는 여전히 인기가 있었다.[123]

파리 망명객 홍세화,
독일 유학생 진중권, 귀화 러시아인
박노자가 1990년대에 새로운 진보의
표상으로 등장했다. '서구 마르크스주의',
'후기구조주의', '포스트주의'가 지식인과
운동권의 머릿속을 파고들기도 했다.
사진 왼쪽 위부터 시계 방향으로 홍세화,
강준만, 진중권, 박노자, 안토니오 그람시,
질 들뢰즈, 루이 알튀세르,
위르겐 하버마스.

지성의 재편, 그리고 신자유주의와 세기말

　　　탈이념 시대의 진보 담론은, 민주화를 이뤄내고 두 차례 연속 '민주정부'가 집권할 수 있는 시민사회의 두터움을 가졌음에도 언제든 극우 세력의 힘이 강해지고 사회가 퇴행하여 파시즘화할 수 있다는 공포 때문에 널리 수용되었다. 즉 사회주의·민중주의 같은 급진적 사상 대신 시민적 민주주의가 새로 필요했다. 이제 청년·학생들은 1980년대식 사회과학 서적과 마르크스-레닌-김일성의 책은 잘 읽지 않았지만, 홍세화·진중권·박노자·강준만 등의 책을 읽으면서 '진보'의 논리와 입장을 알게 되었다. 그리고 1990년대 이후 인문·사회과학적 교양과 책 읽기는 여성주의와 생태주의를 주요 내용으로 하는 '신사회운동', 대중문화와 일상에서의 '문화정치'에 주목하는 문화주의, 그리고 언론개혁운동과 연관된 맥락 아래서 재구성되었다.

　　그리고 이제 한국사회의 모두는 '신자유주의'라는 새 괴물을 본격적으로 상대해야 했다. 처음엔 괴물이 그 자체로 자본주의 세계체제의 새로운 단계를 이룰 정도의 엄청난 파괴력을 지녔다는 것을 제대로 인식하지 못했다. 그러나 이

괴물은 세계 전체를 집어삼킬 새로운 경제-삶의 논리로 모든 시공간을 영토화하기 시작했다. 의식적으로든 무의식적으로든 여기에 편승하느냐 아니면 못하는가에, '기업'뿐 아니라 '나'의 흥망이 걸려 있는 듯했다. 전혀 다른 전략과 적응이 필요하다는 실제적 상황과 과장된 고함이 뒤엉켰다.

150만 부나 팔린 로버트 기요사키의 《부자 아빠, 가난한 아빠》는 그런 주·객관적 정황을 담고 있었다. 경제·경영서, 자기계발서, 재테크 책은 이전과는 완전히 그 위상과 위력이 달라졌다. 이는 세계적 현상이기도 하다. 이 범주에 속하는 여러 형태의 책들은 1990년대 이후 자본주의 세계체제에 속한 국가들에서 공통적으로 새로운 독서문화를 창출했다. 그리고 그것들은 서로 연관되어 있다. 미국이나 일본산 자기계발서는 한국에서도 곧장 주목받기 시작했다. 수없이 많은 예가 있다. 《부자 아빠, 가난한 아빠》는 미·일 합작품(?)이다.

더구나 출판계는 마침 들이닥친 디지털 혁명과 함께 신자유주의의 파도를 맞아야 했다. 독자는 점점 줄고, 나눌 파이는 작아지기 시작했다. 책 읽기는 세기말적 상황과 맞닥뜨리고 있었다. 天

고상한 '어른'들은 언제나 저급하다고 욕하고 심지어 아예 금지하기도 하지만, 청소년과 대중은 반드시 '하위문화'로서의 독서문화를 따로 구성하고 열심히들 읽어왔다. 독서문화의 심층 혹은 저층은 이 대중문학과 장르소설 등에 의해 만들어지고 이어져왔다.

그런 독서문화에는 젠더의 경계선이 있기도 하고 없기도 하다. 대개 남성 독자들은 무협·스포츠·엽기·액션을, 여성은 멜로·로맨스·순정 등의 코드와 플롯을 더 좋아한다. 그러나 어떤 만화와 대중소설들은 경계를 넘어 수용된다.

그런데 하위 독서문화의 역사와 계보도 1990년대 후반에 확 바뀌어가고 있었다. 1998년 이영도가 하이텔에서 연재하던 《드래곤 라자》를 12권짜리 책으로 묶어내고 100만 부의 판매고를 올렸을 때, 한국 대중문학사와 독서사는 새로운 '스테이지'에 도착했다. '판타지(소설)'라는 새로운 장르는 일면 전통적인 대중소설과 유사한 영웅 모티프, 초현실성, 모험 등의 화소를 갖고 있고, 다른 한편 대단히 새로운 이야기 문법과 흥미성 그리고 문화적 맥락을 갖고 있었다. 유럽인지 중세인지 불분명한 시공간에서의 '종족'과

판타지,
새로운 독서와
독자의
탄생

'퀘스트'들이 판타지의 새로운 '재미' 요소들이었는데, 그것은 21세기식 시각문화나 온라인 게임과 직접적인 연관성을 가진 것이었다.

물론 판타지 독서는 단지 '청소년 문화'만은 아니었다. 1990년대 말과 2000년대 초에 서울대를 위시한 대학도서관에서 가장 빈번하게 대출되는 책들 중 판타지 장르가 당당히 수위권에 올랐다. 그리고 새로운 장르물 독서는 새로운 독자 문화와 결합하며 '폭발'했다. 온라인 공간에 대거 포진한 마니아와 동호인들은 문화 소비와 실천에서 새 시대를 열며 작가와 상호작용했다. 그들 중에서 상상을 초월하는 자발성과 집요함을 갖춘 '덕후'들도 생겨나서, 전문가 이상의 지식·정보를 생산하고 공유하여 대중지성의 한 축을 새로 구축했다.

나아가 대중문화 팬덤과 동호인 문화는 또 다른 하위문화적 독서의 양상을 창출했다. 바로 '팬픽'이나 '동인지'의 창작·제작에 팬들이 직접 나서는 '2차 창작'이었다. 그들 중에는 상당한 수의 여성들이 포함됐는데, 그들은 비슷한 또래와 취향의 집단 속에서 '2차 독자'를 만들어냈다. 이 강력한 하위문화는 현재도 문화의 저류에서 도도히 흐르고 있다.

위기·불안 시대의
책 읽기:
2000년대 ①

마시멜로처럼, 세상에서 가장 은밀한 유혹 '성공'

      IMF 위기와 세기말을 거친 2000년대의 출발은 그리 밝지만은 않았다. 2003년 신용카드 대란으로 신용불량 자가 속출했고, 노동시장 유연화라는 미명 하에 진행된 신자유주의 정책들로 비정규직이 양산되었다. 2008년 미국발 세계 금융위기가 더해지며 한국사회의 양극화는 더욱 심화되었고, 사람들은 자신이 순식간에 실업과 극빈의 나락으로 떨어질 수 있다는 잠재적 공포 속에서 살게 되었다.

    그즈음의 일로 기억한다. 어느 일요일 저녁 아이와 함께 TV 프로그램 〈1박 2일〉을 보다가 흠칫한 적이 있다. '복불복' 게임을 진행하면서 출연자들은 "나만 아니면 돼!"라는 구호를 외치며 낄낄댔다. 어쩌면 이 구호에는 공동체에 대한 기대를 접고 오로지 생존 그 자체가 목표가 된 우리 사회의 무의식, 즉 생존주의가 투영되어 있는지도 모른다. '까나리 액젓' 의 불행이 나만은 비켜가기를 바라는 서글픈 바람 말이다.

전략의 공포 때문이었을까? 2000년대 벽두부터 성공의 비밀을 알려준다는 자기계발서들이 속속 베스트셀러로 등장한다. 《누가 내 치즈를 옮겼을까?》《살아 있는 동안 꼭 해야 할 49가지》《아침형 인간》《마시멜로 이야기》《칭찬은 고래도 춤추게 한다》《긍정의 힘》《시크릿》《이기는 습관》《블루오션 전략》등 2000년대 내내 한 해 한두 종씩의 자기계발서가 밀리언셀러가 되었다.

서동진에 따르면, 이러한 자기계발 담론은 "자아의 기업가화라는 자기지배의 테크놀로지"[124]의 전면화를 뜻한다. 백만장자 조나단이 리무진 기사 찰리에게 4살 때 자신이 참여했던 마시멜로 실험의 교훈을 성공 비결로 전수해주는 《마시멜로 이야기》(2006)는 그 한 사례이다. 마시멜로 실험이란, 15분을 참으면 마시멜로를 하나 더 준다는 규칙을 지키고 유혹을 견뎌낸 아이들이 그렇지 못한 아이들보다 훗날 더 큰 성취를 이루었다는 내용이다. 조나단은 살아오면서 자신이 참아냈던 것들을 찰리에게 들려준다.

그의 세련돼 보이는 인내론을 한국적 맥락으로 번안해보

전략의 공포 때문일까, 2000년대 벽두부터 성공의 비밀을 알려준다는
자기계발서들이 속속 베스트셀러로 등장한다. 《마시멜로 이야기》와
《칭찬은 고래도 춤추게 한다》.

면 이런 것이다. 15분만 참으면 마시멜로를 하나 더 얻을 수
있듯이, 중고교 시절 6년 동안 한눈팔지 말고 공부에 열중하
면 남이 우러러보는 좋은 대학에 갈 수 있다. 이후 대학 4년
동안 꾹 참고 고시 혹은 취업 준비에 몰두하면 판검사나 의
사가 되거나 대기업에 취직해 미인 아내 혹은 1등 신랑감을
배우자로 맞이하여 성공을 이룬 부자로 살 수 있다….

　많이 들어본 소리 아닌가. 한국은 마시멜로 법칙을 평생
온몸으로 실천하고 있는 사회다. '30분만 더 공부하면 남편
(마누라)이 바뀐다'는 급훈을 걸고 공부하는 학생들, 영화 〈사

도〉를 보여주며 '공부 안 하면 저렇게 죽는다'는 묵시적 겁박과 함께 편백나무 뒤주형 책상을 구매하는 극성스런 학부모들이 사는 곳이 한국사회다. 조국 근대화를 위해 지금의 고통을 감내하라는 박정희 시대의 구호부터, 분배라는 유혹을 참고 성장을 이루면 그 결실이 사회 전체에 골고루 퍼질 것이라는 이명박 시대의 '낙수론'에 이르기까지, 국가 차원에서도 마시멜로 법칙의 나팔소리는 가득 차 있다. 그렇다면 우리는 과연 그 인내에 대한 합당한 보상을 받았는가?

성공을 위한 사다리, 영어 학습서

불안의 시대, 성공에 이르는 확실한 사다리 중 하나는 영어 능력이었다. 2000년대 초반 100~120만 명에 육박했던 토익 수험생은 점점 늘어나 2011년에는 220만 명을 넘어섰다. 따라서 이들이 선택한 교재는 곧바로 밀리언셀러로 진입하게 된다. 2000년대 영어 공부 실용서 시대를 연 정찬용의 《영어 공부 절대로 하지 마라!》(1999)는 200만 부 이상이 팔려 나갔다. 이후 이익훈의 《EAR OF THE TOEIC》,

김대균의 《토익 답이 보인다》, 김지연 외 《토마토》와 데이빗 조의 《해커스토익》 등 이른바 토익계의 '4대 천왕'이 영어 학습서 시장을 석권하며 밀리언셀러로 등극했다.

외국어 습득은 또 다른 세계를 획득하는 유용한 수단이다. 이 유용한 수단인 외국어가 자기 생을 걸어야 하는 목적으로 전도될 때 여러 문제가 불거진다. 더 좋은 발음을 위해 아이의 설소대를 제거하는 수술을 하고, 옹알이하는 아이에게 영어 학습을 시키는가 하면, 영어 유치원, 영어 연수, 조기 유학으로 이어지는 한국사회의 영어 광풍은 비정상이라고 할 수밖에 없다. 교수 임용에서 영어 강의는 필수이며, 강사와 학생 모두 제대로 소통되지 않는다는 것을 알면서도 영어 강의가 진행되는 코미디 같은 일이 한국의 대학에서 벌어지고 있다.

일제강점기 말엽에 현영섭이라는 철저한 내선일체 일본주의자가 있었다. 그는 일본어가 동아시아 공용어가 되어가는 상황에서, 일본어를 통해 조선인의 감정과 개성을 표현함으로써 조선 문화가 세계적 보편성을 인정받을 수 있다고 강변했다. 장래의 세계 공용어가 될 일본어를 사용하는 것이 진보이며, 따라서 조선인들도 어려서부터 일본어만을 상용

해야 한다는 것이 그의 주장이었다. 요즘의 어린아이들은 학원에서 외국 이름으로 개명하고 정말 열심히 영어를 배운다. 현영섭이 지금의 한국사회를 본다면 자신의 세계화의 이상이 21세기판 '창씨개명'과 '영어전용(론)'을 통해서 실현되고 있음에 감격할지도 모를 일이다.

'88만 원 세대'와 청춘 멘토

세기말을 향해 가던 1999년 5월호《월간 말》은 〈한국을 움직이는 386 리더 1,000명〉이라는 별책을 출판했다. 알다시피 '386세대'란, 당시 30대로서 1980년대에 대학을 다닌 1960년대생 세대를 지칭한다. 민주화운동 경력을 자산으로 삼은 이들 세대가 한국사회의 주역임을 천명한 특집이었다. 이처럼 시대의 주체가 된 행복한 세대의 대척점에는 이른바 '88만 원 세대'가 존재한다.

2000년대에 들어서며 성공을 위해 미칠 듯이 '노오력'을 해도 한국 청년들의 형편은 점점 어려워져만 갔다. 청년 세대의 빈곤과 고용불안에 관련된 표현들—'삼포 세대, 청년

실업, 비정규직, 프리터, 워킹푸어, 최저임금' 등은 암울하기만 하다. 이 암울한 상황을 타개하기 위해 세대에 대한 다양한 진단이 등장했다. 폭발하는 세대론의 선편을 쥔《88만 원 세대―절망의 시대에 쓰는 희망의 경제학》(2007)의 저자 우석훈·박권일은 청년 세대에게 '분노하고 행동하라'고 권유했다.

그들에 따르면, 2007년 당시 20대는 약 88만 원 수입의 비정규직 노동자가 될 확률이 높았다. 《88만 원 세대》의 저자들은 20대가 세대 내의 경쟁에서 이긴다 하더라도 이전 세대인 386세대나 유신 세대와의 경쟁을 계속해서 이어가야만 하는 현실을 전해준다. 그리고 고립적 노력만으로는 풀지 못하는 이 문제를 해결하기 위해서 "20대여, 토플 책을 덮고 바리케이드를 치고 짱돌을 들어라"라고 조언했다.

'짱돌'은 '20대끼리의 연대'를 지칭하는 은유다. 저자들은 청년들이 연대하여 자신들 세대를 대변할 정치 세력이 되고 행복 실현의 주체가 되라고 격려했다. 당연히 이러한 세대 내 연대가 다른 세대와의 또 다른 연대로 이어질 때 청년들의 삶의 여건은 나아질 수 있다. '청년 고용을 위한 임금피크제' 등은 진지하게 고민될 필요가 있지만, 기성세대 때문에 청년의 일자리가 없다며 세대 간 갈등을 자극하는 건 문제의 핵심을 오도하는 짓이다. 사상 최악의 청년실업률 기록을 연일 갱신하고 있는 지금-여기에서 《88만 원 세대》의 논의들은 여전히 현재형의 담론일 수밖에 없다.

'짱돌'을 권유하는 《88만 원 세대》의 저자들보다 달콤한 화법을 구사하는 이른바 '멘토'들도 등장했다. 김난도의 《아프니까 청춘이다》(2011)는 리듬감 있고 유려한 문체와 자신의 경험에서 우러난 구체적인 예화를 통해서 청년들에게 자기계발을 위한 여러 조언을 전한다. 청년을 위하는 진심을 오해하고 싶진 않지만, 그의 조언 중에는 불편한 대목도 적지 않다. 이를테면 눈앞의 실익에 매몰되어 대성하지 못하는 '개그맨의 적금' 예화라든가, 청년들에게 자신을 더 높은 브랜드로 창출하라는 그의 전언들은 마시멜로적 성공론을 꿈의 실현이라는 당의정으로 포장한 혐의가 짙다.

특히 금수저를 물고 태어난 자에 비해 시련을 겪는 청년들을 '경험의 상속(자)'이라고 칭송하고, "그대의 가난을 긍정적으로 받아들여라"라고 설파하는 대목에서는 울컥하게 된다. '수저 계급론'이 회자되는 사회적 구조를 외면하고 개인의 열정으로 그 모순된 구조를 뛰어넘으라는 조언은 과연 타

2000년대에는 암울한 청년 세대에 대한 다양한 진단이 등장하면서 세대론이 뜨겁게 달아오르기도 했다. '짱돌'을 권유하는 《88만 원 세대》와 '청춘 멘토'를 자처하는 《아프니까 청춘이다》.

당한 것일까. 마치 '억울하면 성공하라'는 말처럼 들린다. 그의 멘토링에서는 사회의 구조적 모순에 대한 분노, 그것을 고쳐나가기 위한 사회적 연대에 대한 고민과 조언을 찾을 수 없다. 청년 세대에게 여전히 긴요한 것은 상징적 바리케이드와 짱돌인데도 말이다. 그래서인지 2000년대 후반을 풍미했던 '청춘 멘토'와 그들의 책은 몇 년 지나지 않아 무대에서 퇴장했다.

신판 가족주의와 '엄마 신드롬'

    세상이 힘겨워질 때면 가족과 모성·부성이라는 익숙한 주제가 부상한다. IMF 시절 '아버지 열풍'과 2008년 금융위기 전후의 '엄마 신드롬'은 그 한 사례이다. IMF 시절의 가족해체 위기는 2000년대로 이어졌고, 새 천년의 벽두부터 대중은 조창인의 《가시고기》, 김하인의 《국화꽃 향기》와 같이 자식을 위해 생명을 바치는 부모의 지고지순한 가족애를 그리는 소설을 열독했다.

  글로벌 금융위기를 겪은 2008년 이후 손숙의 〈어머니〉와 강부자의 〈친정엄마와 2박 3일〉, 나문희의 〈잘 자요 엄마〉 등의 연극, 김혜자 주연의 영화 〈마더〉, 틱낫한의 책 《엄마》, EBS 방송 〈엄마의 힘〉에 이르기까지 가히 '엄마 신드롬'이라고 할 만한 문화현상이 일어났다. '엄마 신드롬'의 압권은 신경숙의 《엄마를 부탁해》(2008) 열풍이었다. 출간 9개월 만에 밀리언셀러에 오른 이 소설은 24개국에 저작권이 수출되었으며, 신경숙은 한국을 대표하는 국제적인 작가가 되었다.

  지하철에서 실종된 엄마를 찾아 나선 큰딸, 큰아들, 남편과 엄마 자신의 시점과 기억이 합쳐져 '엄마'라는 존재를 확

인해가는 서사를 통해, 작가는 태어날 때부터 엄마가 아닌 자신의 인생이 있는 '박소녀'라는 한 여성의 삶을 부조한다. 사회·경제적 위기로 삶이 뿌리째 흔들린 대중은 신경숙의 이 소설에서 한국의 가족주의의 중심에 있는 농경사회적 정서와 전지전능한 모성을 그리워하며 위로받은 듯하다.

그러나 우리는《엄마를 부탁해》의 잃어버린 엄마를 되찾지 못할 것임을 이미 알고 있다. 이 불안과 위기의 시기에 당면한 문제의 핵심은 '가족 의존적 정치·경제'가 더 이상 지탱될 수 없다는 것을 직시하는 것이다. 농경사회적 모성의 향수만으로는 우리의 불안을 해결할 수 없다. 많은 이들이 위기와 불안의 시대에 '믿을 건 가족뿐'이라고 되뇌고 있지만, 이 위기와 불안을 이기는 진정한 대안은 가족이 수행하던 기능을 사회화하는 것뿐이다. 이제 농경사회적 모성이라는 엄마의 신화를 떠나보내고, 그것을 대체할 사회적 공공성을 모색하고 국가 역할의 확충을 요구할 때가 되었다. 정

2001년 11월부터 시작된 문화방송(MBC)의 프로그램 〈느낌표〉의 한 코너인 '책 책 책, 책을 읽읍시다!'를 기억할 것이다. 유재석과 김용만 두 개그맨이 진행했던 이 프로그램은, 독서는 교양 프로그램에서 다루어야 한다는 통념을 깨고 예능 엔터테인먼트와 결합하는 신선한 시도로 유례 없는 반향을 불러 일으켰다. 이 코너에서는 매달 한두 종의 선정도서를 발표하였으며, 소개된 책들은 모두 수십만 부 이상 팔렸다.

이 프로그램의 위력은 당시 베스트셀러 목록을 통해서 확인된다. 〈느낌표〉 선정도서로 2002년 베스트셀러 20위권 안에 든 도서들은 다음과 같다. 위기철 《아홉 살 인생》, 공지영 《봉순이 언니》, 박완서 《그 많던 싱아는 누가 다 먹었을까》가 1, 2, 3위를 차지했고, 김중미 《괭이부리말 아이들》, 유용주 《그러나 나는 살아가리라》, 황석영 《모랫말 아이들》, 김구 《백범일지》, 전우익 《혼자만 잘 살믄 무슨 재민겨》, 신경림 《신경림의 시인을 찾아서》 등이 20위권 안에 포함되었다. 2003년에는 《톨스토이 단편선》, 황대권 《야생초 편지》, 현기영 《지상에 숟가락 하나》, 고정욱 《가방 들어주는 아이》 등이 베스트셀러로 사랑받았다.

TV의 힘,
〈느낌표〉와
'기적의 도서관'

시청각 매체의 힘은 크고 강력하다. 특히 이 프로그램을 오래 기억하는 이유는 TV 매체가 순수한 공공성에 눈을 돌리고 사회적 공익을 실천에 옮겼기 때문이다. 이 프로그램은 시민단체 '책읽는사회만들기국민운동본부'(현재 책읽는사회문화재단)의 열정적 활동과 지방자치단체의 호응, 건축가 정기용과의 만남을 통해서 '기적의 도서관' 프로젝트라는 참신한 성과를 이루어낸다. 정기용의 설계로 제1호관인 순천관을 필두로 진해·제주·서귀포·정읍·김해 등에 창의적인 어린이도서관이 세워졌다. 그곳에서는 지금도 많은 어린이가 꿈을 키우며 책을 통해 세계와 만나고 있다. 많은 이들이 염원하는 '마을'과 '공동체'의 복원이란, '기적의 도서관'과 같은 진심이 담긴 작은 실천들이 모여 가능한 것이 아닐까.

사라져가는 것들과 이어가야 할 것들: 2000년대 ②

'책 안 읽는 국민'

　　'책 안 읽는 국민' 담론은 근대가 개막된 이래 늘 반복돼왔다. 우리는 진짜 책을 안 읽어왔을까? 그렇다면 왜 책을 안 읽을까?

　　시대마다 그 진단의 뉘앙스와 답은 좀 다르다. 실제로 교육 불평등이 심각했고 '민도가 낮아서 문제'라는 식의 엘리트주의 담론이 횡행하던 1960~70년대는 물론, 고등교육의 대중화가 전개된 1980~90년대에도, 또 '스마트 시대'인 오늘날에도 한국인들은 책을 안 읽는 것으로 돼 있다.

　　혹 안 읽은 게 아니라 '못' 읽은 것은 아닐까? 절대빈곤에서 탈출했다지만 다른 방식으로 재생산돼온 팍팍한 생계, 언제나 누구나 전 생애에 걸쳐 '노오력'하지 않으면 안 되는 빡빡한 생활시간, 입시 위주의 교육과 숨 막히는 성과주의와

서울시청 안 서울도서관에서
시민들이 책을 읽고 있다.

등수 경쟁…. 돌아보면 이 땅은 '헬조선'이 아니었던 적이 별로 없었다. 독서라는 의식적인 활동에 필요한 지적 훈련이나 이를 위해 쓸 시간적·공간적·경제적 여유도 늘 부족했던 것 같다. 그러할 때 '책을 읽어야 한다'는 명제는 한편 강박처럼 다가오지만, 다른 한편 단지 귓등에서만 울리는 '남의 일'이 되어왔던 것이다. 사실은 아주 많은 이들이 무슨 책을 어떻게 읽어야 할지 잘 모른다. 그리고 시간이 진짜 없다. 그러면서 대한민국은 어느새 OECD 국가 중 '실질 문맹률'이 가장 높은 나라의 하나가 됐다.

'책 없는 시대'의 책 읽기

21세기 한국의 독서문화사는 전에 없는 새로운 국면에 처해 있다. 문화체육관광부에서 실시한 '국민 독서실태 조사 2016년'에 의하면 우리나라 성인의 연간 독서율(교과서, 참고서, 수험서, 잡지, 만화 제외)은 2013년 71.4%에서 2015년 65.3%로 줄어들었다. 가구당 도서구입비와 독서율도 모두 감소하고 있는 추세다.[125] 신문·잡지 열독률도 빠르게 낮아지고 있다. 그 '이탈'을 벌충하고 있는 것은 디지털 뉴미디어들이다.

책은 언제나 TV·라디오·영화 등의 강력한 라이벌들과 함께 20세기를 보내왔지만, 스마트폰보다 강한 라이벌은 없었던 것 같다. 스마트폰은 이제껏 인간이 발전시켜온 미디어 테크놀로지를 손바닥 안에 집약했다. '저장·재현·표현·공유'하는 모든 미디어 기능이 그 속에 총 구현돼 있다. 그 기계를 통해 오늘의 인간은 모든 활동을 다 해낼 수 있다. 연애·쇼핑·상거래 등등.('사이버'가 앞에 붙긴 하지만.) 마치 빠삐용이나 비전향 장기수와 같은 상황에 처해 있다 하더라도 현대인은 스마트폰만 쥐여주면 살아갈 수 있(는 것처럼 생각한)다.

이미 1990년대 후반부터 종이책이 없어질 거라는 성급한 예언이 있었지만, 종이책은 전혀 없어지지 않았다. 오히려 이제껏 한국에서는 전자책이 패배를 거듭했다. 그러나 근래의 상황은 좀 다른 듯하다. 분명 전자책과 PDF 파일들 그리고 스마트폰은 책과 인쇄매체를 대체해가고 있다. "한국출판문화산업진흥원에 따르면 국내 전자책 시장 규모는 2008년 1,189억 원에서 3,444억 원으로 늘었다. 스마트폰과 태블릿 PC 등 스마트 기기 보급과 그에 따른 전문 플랫폼의 등장이

원인으로 꼽힌다."[126]

한때 어떤 이들은 '손맛' 때문에 종이책이 패배하는 일은 없으리라 단언했다. 책 넘김의 감각과 종이가 지닌 고유한 물질성을 플라스틱과 액정화면이 대체하기는 불가능하다는 것이다. 일리 있다. 종이책은 분명 살아남을 것이다. 그러나 여러 가지 이유 때문에 미디어로서 종이책의 위상은 느리게, 그러나 분명히 낮아지고 있다.(볼펜과 연필은 붓과 만년필의 '손맛' 을 얼마나 빨리 대체했던가? 그리고 키보드는 볼펜과 연필을 얼마나 빨리 대체했던가? 이제 문제는 단지 '손맛'만이 아닌 것이다.)

이제는 누구나 화면으로 글을 보는 데 익숙해지고 있다. HWP나 PDF 파일을 애써 종이로 출력해서 읽을 일이 많지 않다. PDF 리더기는 목차와 검색 기능뿐 아니라 줄긋기, 포스트잇 붙이기, 주석 달기 기능이 가능하다. 많은 학회들은 이미 PDF로 온라인에서만 학술 잡지를 낸다. 종이책 특유의 물질성과 미학은 상대화되고, 또 어떤 독자들은 디지털 미디어의 유용성과 장점을 취하는 길로 기꺼이 가며 종이책을 잊어가고 있다. '스마트폰 세대'가 종이책에 대해 어떤 태도를 취하는가에 따라 책의 미래는 달라질 것이다. 화면과 종이에 대한 그들의 감각과 경험은 스마트폰과 컴퓨터가 없을 때부터 책을 접해왔던 세대와 많이 다르다. '디지털 네이티브'라 불리는 그들은 신문·잡지에 대해서도 아예 다른 태도를 갖고 있다. 지난 20여 년 사이에 미디어 플랫폼과 체계는 완전히 달라졌다.

한국언론진흥재단의 《2016 한국언론연감》과 《2016 언론 수용자 의식 조사》 보고서 등에 따르면, 종이신문 정기구독률은 14.3%로 1996년 같은 조사 때의 69.3%의 약 5분의 1로 줄었다.[127] 이즈막의 종이신문 정기구독률이 역사상 한국에서 가장 높았던 때로 보인다. 그리고 막 인터넷이 보급되기 시작할 때이기도 하다.

오늘날 종이 신문·잡지 열독률과 구독률이 낮아지는 것은 너무나 이유가 간단하다. 모바일 기기나 PC 등으로 뉴스를 보는 독자가 늘어나기 때문이다. 신문기사를 종이신문, PC 인터넷, 모바일 인터넷, 일반 휴대전화 등의 경로 중 1곳 이상을 통해 읽은 적이 있다는 '결합 열독률'은 2011년 76.5%에서 2014년 78.0%, 2015년 79.5%, 2016년 81.8%로 늘었다.[128] TV조차 '올드 미디어'로 치부될 상황이다.

책을 산다는 것과 읽는다는 것 사이에는 언제나 어떤 괴리가 있었다. 책을 사고 읽지 않거나 못 읽는 경우도 허다하고, 필요한 책도 안 사고 빌려 읽거나 돌려보는 일도 언제나 가능하다. 거기에는 책이라는 물건 자체나 또는 그 속에 담긴 앎과 쾌락에 대한 소유의 감각 같은 것이 작동한다. 그것은 역사를 통해 변해왔으며, 저작권·출판권의 문제도 그 주변을 회전해왔다. 인류 역사나 한국사 전체에서나, 해당 사회의 다수를 차지하는 사람들이 책을 사 읽거나 소장하는 일은 쉬운 일이 아니었다. 우리나라에서도 가난한 보통 사람이 책을 사서 읽기 시작한 지는 100여 년 정도밖에 안 된다. 1900~10년대에 조선의 대부분의 사람들은 아마 평생 한 권의 책도 사지 않았을 것이다. 이에 비해 '근대의 책 읽기'가 본격화된 1920~30년대에 태어난 사람들은 꽤 많은 책을 사기 시작했을 것이다.

오늘날의 사람들은 책을 잘 사지 않게 됐는데, 책에 담길 정도의 고급 '콘텐츠'를 접하고 취득할 수 있는 방법과 관련된 문화와 유관한 듯하다. 이는 음반을 사는 일이 어떻게 극적으로 변해왔는지를 생각해보면 더 흥미롭고 명징해진다. 인터넷이 보급되면서 '불법 다운로드' 때문에 한동안 음악계 전체가 골머리를 앓고 논란이 끊이질 않았으나, 오늘날에는 음반을 사서 소유하는 것이 아니라 '음원'을 구매하여 저마다의 스마트폰에 저장하는 것이 대중적인 문화로 정착되었다.

지난 70년간 우리 독서사·출판사를 살펴보면 언제나 독서시장은 좁았다. 유통체계나 관행도 늘 불안정하고 문제가 많아 그것을 합리화하고자 하는 노력도 늘 치열했다. 여전히 문제가 있다고 지적받는 지금의 '도서정가제'가 처음은 아니었다. 1970년대에도, 1980년대에도 덤핑이나 새로운 '가격 마케팅'과 도서정가제가 맞섰다. 2014년 11월부터 시행된 불완전한 도서정가제는 어떤가? 일시적으로 많은 혼란을 야기했고, '작은 출판사'들을 살리겠다는 취지에 맞았는지 모르겠다는 지적도 있다. 게다가 편법과 위반 사례도 많았다.[129] 그런데 책 유통업계는 이익을 보고 있다는 평가도 있다. 또 서울 시내 주요 서점뿐 아니라 지역 서점 매출도 15~40% 증가세로 돌아섰다는 보도도 있다. 이른바 '작은 서점' 붐에 도서정가제가 일조하고 있다는 것이다.[130]

이런 부침과 무관하게 서점 문화와 작은 출판사를 살리는 방책을 마련하는 일은 언제나 중요하다. 도서관이 지역 문화의 거점 역할을 하는 것도 언제나 필요한 일이다. 문화적·경제적 양극화를 극복하지 않고 한국 독자들의 책 구매력을 근본적으로 회복하는 것은 불가능해 보인다. 그래서 도서관과 서점은 '공공적' 보완물로서 기능해야 한다고 생각한다.

시민인문학과 독서국민운동

일제강점기부터 지금까지 독서 대중화 운동이나 독서국민운동이 없었던 적도 없다. 시대마다 차이는 좀 있지만 독서운동은 늘 한편으로는 보다 보편적인 '계몽' 또는 교양 운동의 함의를 갖고, 다른 한편으로는 근대화나 '국민 만들기'와 결부된 것이었다. 요즘도 '책읽는사회만들기국민운동'이나 '대한민국 독서토론·논술대회' 같은 것이 있지만 이전처럼 눈에 잘 띄지는 않고 의미도 다른 듯하다.

대신 근래에는 시민인문학이 대세처럼 보인다. 시민인문학은 2000년대 후반부터 활발해지기 시작했는데, 2013년 이후에는 박근혜 정부의 문화정책과 조우했다. 정부는 '창조경제'와 '문화융성'을 위한 주요 정책으로 '인문정신문화' 창달 사업을 정권 초기부터 실행했다. 교육부의 인문학 관련 정책과 별도로 문화체육관광부는 2014년 '4대 전략' 중에 '인문 전통의 재발견'을 제시했고, 사상 최초로 인문학 전담 실무부서도 설치했다. 또 2014년 '인문정신문화 진흥사업'에 문화부는 515억 8천여만 원을 배정했다. 그래서 2008~2009년쯤부터 서서히 늘던 공공기관의 인문학 강좌가 폭발적으로 신설됐다.

그래서 많은 시민이 공공기관 인문학 강좌의 혜택을 누리고 있다. 매우 바람직한 일이다. 그러나 한계도 있다. 이런 프로그램은 대체로 무색무취한 '교양 강좌'류의 지식 전달 프로그램으로 이뤄져 있고, 일회적인 이벤트로서의 성격을 갖는 경우가 많기 때문이다. 이런 강좌에서 '시민'은 피동화되기 십상이다. 아마 많은 시민들이 이미 경험했을 터이지만, 그런 무료 강좌를 수동적으로 한두 번 듣는 것은 인문학 본연과도 무관하거니와 인문학에 대한 욕구를 채워주지도 못할 것이다.

물론 일단 인문학 강좌에 찾아가보는 시작은 너무나 중요하다. 스스로 필요한 강좌를 찾아가고 또 스스로 공부하고자 해야만 시민인문학이 우리 삶에 효력을 발할 것이다. 정치적·경제적 양극화가 문화와 삶, 정치의 전 영역에서 파국적인 악영향을 끼치고 있는 오늘날, 평생교육과 문화적·사회적 문식성(文識性, literacy)의 문제는 다시 중요하다. 그래서 시민인문학에 대한 인문학자들의 책임도 중하다. 인문학은 필연적으로 책 읽기와 결부되니까 말이다.

인문학과 사회과학 책 읽기 _____

그런 면에서 최근 인문학 서적 열풍은 의미와 동시에 한계도 갖고 있다. 인구절벽과 구조조정 때문에 한국의 대학 인문학은 종말의 길로 가고 있고 인문학자의 자존감은 최악의 상태이지만, '인문학'은 오늘날 한국 독서시장에서 낮지 않은 지위를 유지한다. 인문학 학술 출판시장은 고사 지경이지만 문·사·철 각 분야의 인문학 지식을 요약하는 대중적인 서적이 연이어 베스트셀러가 되고 있다. 《지적 대화를 위한 넓고 얕은 지식》(채사장) 시리즈를 비롯해《청춘의 독서》(유시민)《여덟 단어》(박웅현)《리딩으로 리드하라》(이지성)는 그중 가장 많이 팔린 책들에 속한다. 그 가운데에는 (나쁜 의미의) 자기계발의 코드와 접속한 경우도 여럿 있고, 특히 베스트셀러 반열에 오른 책 중에는 사실 '인문학'으로서의 가치는 별로 없는 책들도 껴 있다.

2016~2017년에 걸쳐 연인원 2천만 명이 함께한 촛불항쟁은 저강도 독재와 세습 자본주의의 광포한 위력에도 불구하고 한국 시민사회의 지적·민주적 저력이 살아 있음을 보여주었다. 시민인문학 열풍과 독서시장의 상황이 이러한 저력과 어떤 연관이 있는지를 살펴볼 필요가 있을 것이다. 전쟁과 분단의 질곡과 이승만·박정희·전두환 30년 독재를 극복한 힘이 아래로부터의 민주주의 운동과 시민 스스로에게서 나왔듯이, 오늘날에도 책 읽기와 토론, 건강한 공론장이 존재해야 겨우 회복한 민주주의가 확고해질 것이다.

이제 이야기를 마칠 때가 되었다. 한국 현대 독서문화는 크게 다음과 같은 네 단계로 구성된다. 첫째 1940년대에서 1950년대까지의 재구성기, 둘째 1960년대와 1970년대의 성장기, 셋째 1980년대에서 1990년대까지의 성숙기, 그리고 현재 2000년대 이후의 전환기. 거시적 인구 변동과 경제

성장, 근대화·자유화 같은 요인이 앞의 두 단계를, 그리고 미디어 테크놀로지의 발전과 세계화·민주화 같은 요인이 뒤의 두 단계를 규정한다.

현재 근대적 문자문화의 구조와 지식정보 교육·공급의 체계는 크게 변화하고 있다. 1990년대 후반까지를 절정으로 종이책 독자는 줄고 있으며, '스마트' 문화 때문에 독자들의 책 읽는 힘은 약해지고 있다. 인지 능력의 변화는 두드러진다. 그래서 2018년 현재 책은 유례없이 작아지고 얇아지고 있다. 또한 도서관과 서점 등 독서문화의 공간도 드라마틱하게 변화하고 있다. 요컨대 한국사회 전체의 인구학적 변동, 디지털 미디어 테크놀로지, 영상문화의 확장 등이 현재 책 읽기 문화를 바꾸고 있는 근저의 힘이다. 🟤

한국 현대 독서문화사에서도 문학의 역할은 언제나 중요했다. 인간은 이야기를 좋아한다. 학습참고서나 성경을 제외하면 문학은 가장 많이 읽힌 범주의 책이었고, 앞으로도 교양과 세계 인식의 가장 강력한 도구로서 기능할 것이다. 그러나 한국 현대문학의 위상은 낮아져왔고 그 제도와 이념도 크게 바뀌거나 흔들리고 있다. 근년의 대표적인 부정적인 사건은 신경숙 작가 표절 사건과 문단 성폭력 문제였다. 두 사건은 수십 년 쌓인 중앙 문단의 권위와 상징권력 저변에 있는 독선과 성차별의 구조를 백일하에 드러냈다. 그리고 사람들은 새로운 시대에 새로운 문학이 필요하다는 것을 다시 알게 되었다. 오늘날 한국의 교양인들과 일하는 사람들에게 한국문학은 과연 어떤 의미를 지닌 것일까? 한때 사표 같았던 작가들과 비평가 및 그들 매체의 권위는 큰 타격을 입었다. 《문예중앙》《작가세계》《세계의문학》등 오랜 전통을 가진 계간지들이 사라졌고, 《현대문학》《창작과비평》《문학과사회》 《실천문학》등은 이전의 영향력을 갖지 못하고 있다. 해방기부터 1990년대까지 형성된 한국문학 독자층은 2000년대 이후에 지속적으로 엷어져왔다. 오늘날 20~40대 여성을 제외한 계층에서,

#ep.17

위기
　　이후의
한국문학

한국문학을 읽는다는 것은 뭔가 어색하고 마니아적인 일이 되고 있다.

그러나 2018년 현재, 기성의 질서가 무너진 바로 그 자리에서 새로운 것이 서서히 등장하고 있다. 《릿터》《문학3》《악스트》같이 기존 출판사와 작가·비평가들이 중심이 되어 새로운 내용과 형식을 추구하는 잡지와, 《베개》《비유》《소녀문학》《영향력》 등처럼 동인지 계통의 새로운 문학 잡지들도 등장하고 있다. 독자·작가·비평가 모든 주체 영역에서 젠더 구조 또한 달라지고 있다.

새로운 '문학 체제'가 해야 할 일이 좋은 작가를 발굴하고 새로운 문학적 전범을 구성하는 일뿐만은 아니다. 한국문학은 현재까지의 문학자본주의 관행으로부터 창발적으로 벗어나서 공공재로서 위상을 회복해야 한다. 그리고 새로운 미디어 현실에 부합하게 유연해질 필요가 있다.

주

1 〈그 시절 그 책들… 그건 '우리들의 노래'였지: 광복 70년, 책 읽기 70년 시리즈를 시작하며〉, 《한겨레》(2015. 5. 15).

2 이 글(서설)은 천정환, 〈한국 독서사 서술 방법론: 독서사의 주체와 베스트셀러 문화를 중심으로〉, 《반교어문연구》 43(2016. 8)을 바탕으로 요약, 정리한 것이다.

3 Robert Darnton, *The Kiss of Lamourette: Reflections in Cultural History*(New York: W.W. Norton&Company, 1990). 육영수, 〈책과 독서는 역사를 움직이는가: '단턴 테제'와 '단턴 논쟁'을 중심으로〉, 한국서양사학회, 《서양사론》 79(2003. 12), 160-162쪽에서 재인용.

4 근대 독서문화의 성립 과정에 대해서는 천정환, 《근대의 책 읽기》, 푸른역사, 2003; 박숙자, 《속물 교양의 탄생》, 푸른역사, 2012; 천정환, 〈주체로서의 근대적 대중독자의 형성과 전개〉, 한국독서학회, 《독서연구》 13(2005. 6) 등과 전은경, 〈근대 매체의 이중적 사유와 새로운 지식인 독자층의 출현: 《협성회회보》와 《매일신문》을 중심으로〉, 한국어문학회, 《어문학》 130(2015. 12); 전은경, 《《대한매일신보》의 〈편편기담〉과 '쓰는 독자'의 출현〉, 한국현대문학회, 《한국현대문학연구》 30(2010. 4); 전은경, 〈'쓰이는 텍스트'로서의 《별건곤》과 대중문학 독자의 형성〉, 한국어문학회, 《어문학》 125(2014. 9) 등의 개화기 신문 및 소설 독자에 관한 연구들을 참조.

5 최근 독서사에 대한 관심이 높아지면서 특히 1945년 해방 이후부터 1960년대까지의 독서문화사와 여성 독서문화에 대한 좋은 연구 성과들이 나오고 있다. 이용희, 〈한국 현대 독서문화의 형성: 1950~60년대 외국 서적의 수용과 '베스트셀러'라는 장치〉, 성균관대학교 박사학위논문, 2018이 대표적이다. 여성 독자층의 성립 전개 과정에 대해서는 정미지, 〈1960년대 '문학소녀' 표상과 독서 양상 연구〉, 성균관대학교 석사학위논문, 2011; 박숙자, 《살아남지 못한 자들의 책 읽기》, 푸른역사, 2017; 김용언, 《문학소녀》, 반비, 2017 등.

관변 독서운동을 중심으로 한 해방 이후 독서사에 대한 연구로는 윤금선, 《우리 책 읽기의 역사》1-2, 월인, 2009; 천정환, 〈교양의 재구성, 대중성의 재구성: 박정희 군사독재 시대의 '교양'과 자유교양운동〉, 한국현대문학회,《한국현대문학연구》35(2011. 12); 김경민, 〈1960~70년대 독서국민운동과 마음문고 연구〉, 성균관대학교 석사학위논문, 2012.

1970~80년대 노동자 독서에 대한 연구로는 정종현, 〈노동자의 책 읽기: 1970~80년대 노동(자)문화의 대항적 헤게모니 구축의 독서사〉, 성균관대학교 동아시아학술원,《대동문화연구》86(2014. 6); 천정환, 〈그 많던 '외치는 돌멩이'들은 어디로 갔을까: 1980~90년대 노동자문학회와 노동자 문학〉,《역사비평》106(2014. 2).

6 로제 샤르티에, 백인호 옮김,《프랑스혁명의 문화적 기원》, 일월서각, 1998, 50쪽.

7 김원,《여공 1970: 그녀들의 反역사》, 이매진, 2005; 정종현, 앞의 글 등을 참조.

8 한국 베스트셀러 연구사는 (1)통사, (2)개별 혹은 특정 시대 베스트셀러와 사회사, (3)베스트셀러 유형론, (4)기타 등이 있다. (1)이임자,《한국 출판과 베스트셀러 1883-1996》, 경인문화사, 1998; 한기호,《베스트셀러 30년》, 교보문고, 2011. (2)문화라, 〈韓國 近·現代 베스트셀러文學에 나타난 讀書의 社會史: 近代 베스트셀러小說의 戀愛談論을 중심으로〉, 한국어문교육연구회,《어문연구》33권 3호(2005. 9); 김무엽, 〈베스트셀러의 변화 양상과 독서 경향〉, 동아대학교 석사학위논문, 2014; 오생현, 〈2000년대 기독교 출판물 특성에 관한 연구: 최근 10년간 기독교 베스트셀러를 중심으로〉, 건국대학교 석사학위논문, 2012. (3)김진두·김창옥, 〈出版社의 베스트셀러 戰略 硏究〉, 출판문화학회,《출판잡지연구》18권 1호(2010); 이영희, 〈한국의 베스트셀러 유형 연구〉, 이화여자대학교 석사학위논문, 1998; 허연, 〈단행본도서의 베스트셀러 유발요인에 관한 연구: 2000년 이후 출판물을 중심으로〉, 연세대학교 석사학위논문, 2006. (4)적치, 〈한·중 베스트셀러 표지디자인의 시각구성요소 연구〉, 영남대학교 석사학위논문, 2014.

9 이에 관한 보다 상세한 이론적·역사적 논의는 이용희, 앞의 논문을 참조.

10 프레데리크 루빌루아, 이상해 옮김,《베스트셀러의 역사》, 까치, 2014 참조.

11 이용희, 앞의 논문과 프레데리크 루빌루아, 위의 책이 그런 역사를 서술하고 있다. 이종엽, 〈베스트셀러와 도서관 대출과의 상관관계 분석: 공공도서관과 대학도서관을 대상으로〉, 경기대학교 박사학위논문, 2012에서 도서관 대출에서의 실례를 보여준다. 베스트셀러와 베스트 대출 도서 간에는 아주 높은 상관관계가 있다는 것이다. 김선남, 〈베스트셀러 독자들의 주관성 연구〉, 출판문화학회,《출판잡지연구》8권 1호(2000)도 있으나 표본 수와 해석에 한계가 있다.

12 이들 베스트셀러와 관련된 사회현상과 논란에 대해서는 양평, 《베스트셀러 이야기》, 우석, 1985; 천정환, 〈어떻게 유영철은 계백이 되었나≠어떻게 노무현은 이순신이 되었나〉, 《역사와 문화》 11 (2006) 등을 참조.

13 이런 견지에서 시대를 초월한 이광수 수용의 맥락을 논한 박헌호 편, 《센티멘탈 이광수: 감성과 이데올로기》, 소명출판, 2013의 수록 논문들도 참고할 만하다.

14 박완서, 《그 많던 싱아는 누가 다 먹었을까》, 웅진닷컴, 2002, 185쪽.

15 유종호, 《나의 해방전후》, 민음사, 2004, 111-112쪽.

16 조선은행조사부, 《경제연감》, 1949의 통계.

17 이임자, 《한국 출판과 베스트셀러 1883-1996》, 경인문화사, 1998, 250쪽.

18 양평, 《베스트셀러 이야기》, 우석, 1985, 35쪽.

19 김성한, 〈金可成論〉, 《學風》 11 (1950.3), 3쪽, 83쪽.

20 이철승·박갑동, 《건국 50년 대한민국, 이렇게 세웠다》, 계명사, 1998, 259쪽.

21 민주주의민족전선 편집, 《조선해방연보》, 문우인서관, 1946, 383쪽.

22 《조선중앙일보》(1949.1.18).

23 김동인, 〈수감(隨感)〉, 이중연, 《책, 사슬에서 풀리다: 해방기 책의 문화사》, 혜안, 2005, 54쪽 재인용.

24 송건호, 〈분단 42년과 나의 독서편력〉, 《역사비평》 1 (1987.9), 334-335쪽.

25 〈다중성의 문학: 서기원·정호웅 대담〉, 강진호·이상갑·채호석 편, 《증언으로서의 문학사》, 깊은샘, 2003, 169쪽.

26 김민환, 《미군정 공보기구의 언론 활동》, 서강대언론문화연구소, 1991, 36쪽 재인용.

27 김석동, 〈북조선의 인상〉, 《文學》 8 (1948.7), 118-120쪽.

28 〈越北 作家 作品 出版 販賣 禁止 文教部에서 지시〉, 《동아일보》(1957.3.3).

29 양평, 앞의 책, 53쪽.

30 《뉴욕타임스》 1951년 6월 8일자 기사. 오욱환, 《한국사회의 교육열: 기원과 심화》, 교육과학사, 2000, 248쪽에서 재인용.

31 김현, 《한국문학의 위상》, 문학과지성사, 1996, 11-12쪽.

32 리영희·임헌영 대담, 《대화: 한 지식인의 삶과 사상》, 한길사, 2005, 97-98쪽, 145쪽.

33 김성칠, 《역사 앞에서》, 창비, 2009, 112-113쪽.

34 김성칠, 위의 책, 140-141쪽.

35 박완서, 앞의 책, 252-253쪽.

36 최재서, 《매카-더 선풍》, 향학사, 1951, 1쪽.

37 관련된 에세이들은 최재서,《인상과 사색》, 연세대학교출판부, 1977을 통해서 확인
    할 수 있다.

38 중앙일보사 엮음,《민족의 증언》2, 중앙일보사, 1983, 79쪽 중 모윤숙의 증언.

39 잔류파라는 명명이 이념적 불륜의 표식인 '주홍글씨'와 같은 것이었다는 지적은 서
    동수,〈한국전쟁기 반공 텍스트와 고백의 정치학〉, 한국현대문학회,《한국현대문학
    연구》20(2006, 12), 82쪽에서 인용.

40 오제도 외,《적화삼삭 구인집》, 국제보도연맹, 1951, 25쪽.

41 《대학신문》(1954. 3. 1).

42 린 헌트, 조한욱 옮김,《프랑스혁명의 가족 로망스》, 새물결, 1999; 린 헌트, 전소영 옮
    김,《포르노그래피의 발명》, 알마, 2016; 로버트 단턴, 주명철 옮김,《책과 혁명: 프랑
    스혁명 이전의 금서와 베스트셀러》, 알마, 2014 등을 참조.

43 〈백주에 고관규중에서 소설가 김광주 씨를 인치구타〉,《경향신문》(1952. 2. 20), 2면.

44 〈공보행정상 일대 오점〉,《동아일보》(1952. 2. 24).

45 이와 관련하여 박헌호 편,《센티멘탈 이광수: 감성과 이데올로기》, 소명출판, 2013에
    실린 서은주, 권보드래 등의 논문을 보라.

46 정부 주도의 동원과 규율체계로서의 학도호국단이 1950년대 교장 및 이사장 등의
    비리에 대한 학내 분규와 스트라이크의 주체로 기능하는 역설적 상황 등에 대해서는
    연정은,〈감시에서 동원으로, 동원에서 규율로: 1950년대 학도호국단을 중심으로〉,
    역사학연구소,《역사연구》14(2004. 12)를 참조.

47 김병익,〈4·19세대의 문학이 걸어온 길〉, 강진호·이상갑·채호석 편,《증언으로서의
    문학사》, 깊은샘, 2003, 238쪽.

48 김병익, 위의 책, 237쪽.

49 함석헌,〈생각하는 백성이라야 산다: 6·25 싸움이 주는 역사적 교훈〉,《사상계》
    61(1958. 8), 27쪽.

50 김종필,〈나폴레옹 혁명·사랑 배우려 했지〉,《중앙일보》(2015. 3. 2).

51 최인훈,〈광장 서문〉,《최인훈전집》1, 문학과지성사, 1996, 19쪽.

52 《흑막: 압정 12년에 짓밟힌 민주 역사》(《實話》임시 증간호, 1960. 6), 21쪽.

53 조흔파,《얄개전》, 아이필드, 2007, 59쪽.

54 조흔파, 위의 책, 152쪽.

55 조흔파, 위의 책, 12쪽.

56 박정희,《국가와 혁명과 나》, 지구촌, 1997, 275쪽.

57 군사쿠데타 세력의 초기 혁명 담론이 '탈후진 근대화' 담론으로 전환하며 민족주의 및 민주주의 토착화 담론으로 전개되는 양상에 대해서는 황병주, 〈박정희 체제의 지배담론: 근대화 담론을 중심으로〉, 한양대학교 박사학위논문, 2008을 참조.

58 심훈, 〈朴군의 얼굴〉, 《심훈문학전집》, 탐구당, 1966, 61~62쪽.

59 이에 대해서는 심훈의 사상적 지향을 민족주의/사회주의의 이분법에서 벗어나 무로 후세 코신(室伏高信)과의 관련 속에서 해명하는 권철호, 〈심훈의 장편소설에 나타나는 '사랑의 공동체': 무로후세 코신(室伏高信)의 수용 양상을 중심으로〉, 민족문학사학회, 《민족문학사연구》55(2014.8)를 참조.

60 신상옥, 《나는 영화였다》, 랜덤하우스, 2007, 78쪽.

61 이에 대해서는 김건우, 〈류달영의 재건국민운동본부와 덴마크 모델〉, 《대한민국의 설계자들: 학병 세대와 한국 우익의 기원》, 느티나무책방, 2017을 참조.

62 신상옥, 앞의 책, 78쪽.

63 1960년대 일본문학 번역 붐의 현황에 대해서는 윤상인 외, 《일본문학 번역 60년》, 소명출판, 2008, 39~43쪽 참조.

64 양평, 앞의 책, 58쪽.

65 고승철, 〈가슴을 울리고 머리를 깨우칠 《조선총독부》〉, 류주현, 《조선총독부 1》, 나남, 2014, 7쪽.

66 《동아일보》(1964.1.6) 2면(광고).

67 이어령, 《흙 속에 저 바람 속에》, 문학사상, 2014(2판7쇄), 17쪽.

68 이어령의 《흙 속에 저 바람 속에》가 지닌 오리엔탈리즘의 내면화와 종족본질론에 가까운 한국문화론에 대한 비판은 권보드래·천정환, 《1960년을 묻다: 박정희 시대의 문화정치와 지성》, 천년의상상, 2012, 294~302쪽을 참조.

69 대한출판문화협회, 《한국출판연감 1966》, 1967.

70 〈심층해부 '5共 언론'(7): 眞實 없는 暗黑期〉, 《경향신문》(1988.12.19).

71 권보드래·천정환, 《1960년을 묻다: 박정희 시대의 문화정치와 지성》, 천년의상상, 2012, 3부 8장을 참조.

72 이에 관한 논의는 천정환, 〈처세·교양·실존: 1960년대의 "자기계발"과 문학문화〉, 민족문학사학회, 《민족문학사연구》40(2009.8); 김용언, 앞의 책 등을 참조.

73 《서울경제신문》(1960.8.21); 《조선일보》(1960.9.7); 천정환·김건우·이정숙, 《혁명과 웃음》, 앨피, 2005를 참조.

74 이에 관한 자세한 논의는 이용희, 앞의 논문을 참조.

75 권보드래·천정환, 앞의 책, 〈9장 박정희 군사독재 시대의 '교양'과 자유교양운동: 교양의 재구성, 대중성의 재구성〉을 참조.

76 《별들의 고향》의 발행부수 관련하여 참고한 신문기사들은 다음과 같다. 〈74年의 '最高'〉,《경향신문》(1974.12.27), 4면; 〈베스트셀러〉,《매일경제》(1974.4.30), 6면.

77 〈칠○年代 감성을 명쾌하게 묘사 소설가 崔仁浩〉,《동아일보》(1974.3.29), 5면.

78 최인호,《나는 나를 기억한다 1》, 여백, 2015를 참조.

79 〈대학생의 지적 고민, 독서에도 반영〉,《동아일보》(1973.6.13), 5면.

80 이선관,〈번개식당을 아시나요〉,《씨올의 소리》87(1979.9), 60-61쪽.

81 〈책 얼마나 읽나〉,《매일경제》(1978.9.26).

82 이종욱,〈근로자들의 문학 독서 경험 실태에 대한 조사연구: 구로공단 노동자들을 중심으로〉, 연세대학교 석사학위논문, 1981.

83 임갑수,〈상담실에서 본 공단 여성 근로자의 문제점과 대책〉,《노동》(1980년 5월호).

84 〈평화시장에 노동교실〉,《경향신문》(1973.5.21).

85 석정남,〈인간답게 살고 싶다〉,《대화》(1976.11), 188쪽.

86 김진숙,〈소금꽃나무〉, 후마니타스, 2011, 47쪽.

87 이러한 노동자들의 책 읽기와 주체로서의 비약에 대해서는 유경순 엮음,《같은 시대, 다른 이야기: 구로동맹파업의 주역들, 삶을 말하다》, 메이데이, 2007의 (여성)노동자들의 회고를 참조했다.

88 1970년대《신동아》논픽션 공모 등의 저널리즘 글쓰기의 서술 방식이 소설의 새로운 서사 형식을 만드는 데 기여한 양상에 대해서는 김성환,〈1970년대 논픽션과 소설의 관계 양상 연구:《신동아》논픽션 공모를 중심으로〉, 상허학회,《상허학보》32(2011.6)를 참조.

89 〈민주화 20년, 지식인의 죽음: 백낙청·리영희·최장집… 한국사회 가장 큰 영향〉,《경향신문》(2007.4.29).

90 유시민,《청춘의 독서》, 웅진지식하우스, 2013, 34-35쪽.

91 리영희·임헌영 대담, 앞의 책, 461쪽.

92 리영희·임헌영 대담, 위의 책, 488쪽.

93 〈연령 높을수록 국내 작품 선호,《서 있는 사람들》가장 많이 읽혀〉,《매일경제》(1979.1.10).

94 〈반주체적 일 무사소설 붐〉,《동아일보》(1970.12.25), 5면;〈'大望'有感〉,《동아일보》(1972.9.16), 5면.

95 〈고개 드는 日本 '武士小說' 圖書雜誌倫理委서 反省 촉구〉,《동아일보》(1972. 7. 8),
5면.

96 천정환,《근대의 책 읽기》, 푸른역사, 2003; 오혜진, 〈1920~1930년대 자기계발의 문
화정치학과 스노비즘적 글쓰기〉, 성균관대학교 석사학위논문, 2009 등을 참조.

97 서동진, 〈자기계발의 의지, 자유의 의지: 자기계발 담론을 통해 본 한국 자본주의 전
환과 주체 형성〉, 연세대학교 박사학위논문, 2005.

98 〈기업경영 나침반〉,《매일경제》(1972. 5. 20), 6면.

99 〈처세 저술출판 붐〉,《동아일보》(1984. 5. 28), 6면.

100 〈1985년도 대학생 베스트셀러 1위: 한국출판판매(주) 조사 대학생들의 최근 독서 경
향〉,《매일경제》(1985. 4. 8), 9면.

101 〈교양·사상 서적이 안 팔린다〉,《동아일보》(1982. 2. 23), 6면.

102 〈다양화사회(2): 금단 족쇄 풀리는 북한 바람〉,《동아일보》(1989. 1. 12), 5면.

103 유하, 〈武曆 18년에서 20년 사이: 무림일기 1〉,《무림일기》, 문학과지성사, 2012,
41쪽.

104 김영하,《무협학생운동》, 아침, 1992.

105 한기호,《베스트셀러 30년》, 교보문고, 2011, 32쪽.

106 김현, 〈무협소설은 왜 읽히는가〉,《김현문학전집》2, 문학과지성사, 1991.

107 류동민,《기억의 몽타주》, 한겨레출판, 2013, 67쪽.

108 강석경,《숲속의 방》,《한국소설문학대계》80, 동아출판사, 1995, 476쪽.

109 강석경, 위의 책, 479쪽.

110 유경순 엮음,《같은 시대, 다른 이야기: 구로동맹파업의 주역들, 삶을 말하다》, 메이데
이, 2007, 206쪽.

111 고미석, 〈회색인 죽음 그린 강석경 소설《숲속의 방》화제: 현실로 나타난 서울대 여
학생 자살과 인간적 갈등에 유사성〉,《동아일보》(1986. 6. 3).

112 〈'기'자 돌림 책 출간 홍수〉,《경향신문》(1988. 11. 26).

113 최원식, 〈노동자와 농민〉, 김병걸·채광석 편,《80년대 대표평론선 2: 민족, 민중 그리
고 문학》, 지양사, 1985, 379쪽.

114 박유희, 〈1980년대 문예드라마 'TV문학관' 연구〉, 한국극예술학회,《한국극예술연
구》57(2017. 9).

115 〈베스트셀러 광고가 만든다〉,《동아일보》(1990. 12. 18), 21면; 〈책값 많이 올랐다〉,
《동아일보》(1990. 11. 20), 20면.

116 〈잘 팔리는 책 다양해졌다, 이데올로기에서 컴퓨터 등 기술서적까지〉, 《매일경제》 (1990. 8. 14), 10면.

117 〈출판체제 정보화시대 걸맞게〉, 《매일경제》(1990. 1. 9), 19면.

118 김영호, 〈김영삼 정권, 세계화의 덫에 스스로 걸려들다: 1987~2012년 경제민주화 실패의 역사 ④〉, 《프레시안》(2012. 7. 26), http://www.pressian.com/news/article.html?no=106708

119 지주형, 《한국 신자유주의의 기원과 형성》, 책세상, 2011을 참조.

120 고은의 추천글, 유홍준, 《나의 문화유산답사기》 2, 창작과비평사, 1994.

121 〈한국사회는 어떤 글로 기억되는가〉, 《한겨레》(2018. 5. 15).

122 〈손님만 북적, 책만 보고 가지요〉, 《경향신문》(1998. 1. 23).

123 천정환, 《시대의 말 욕망의 문장: 123편 잡지 창간사로 읽는 한국 현대 문화사》, 마음산책, 2014를 참조.

124 서동진, 〈자기계발하는 주체의 해부학 혹은 그로부터 무엇을 배울 것인가〉, 《문화과학》 61(2010. 3), 47쪽.

125 〈디지털스토리: 한국민 독서시간 하루 평균 6분… 왜 안 읽는 걸까〉, 《연합뉴스》 (2017. 10. 15).

126 《베타뉴스》(2015. 11. 25).

127 〈종이신문 위기… 정기구독률 1996년 69.3%→2016년 14.3%〉, 《연합뉴스》(2017. 4. 4). 2016년 6~8월 전국 19세 이상 5,128명을 대상으로 가정에서 종이신문을 정기구독하는지 조사한 결과다. 그런데 이 같은 방식의 조사가 신문 매체의 영향력을 잘못 평가하게 한다는 비판도 있다. 〈신문 매체력 평가 왜곡하는 가구 구독률 조사 중단해야〉, 《매일경제》(2015. 5. 15).

128 위의 《연합뉴스》 기사.

129 〈개정 도서정가제 위반 사례 1,500건 적발〉, 《이데일리》(2017. 10. 16).

130 〈도서정가제 덕분에… '취향 저격' 독립서점의 진격〉, 《뉴시스》(2017. 9. 1). 그러나 오프라인 서점 자체는 줄고 있다. 한국서점조합연합회에 따르면 2013년 1,625곳이던 서점은 2015년 1,559곳으로 줄어들었다.

찾아보기

333

334